威灵顿公爵传

郭光远◎著

时代文艺出版社

图书在版编目（CIP）数据

威灵顿公爵传 / 郭光远著. —长春：时代文艺出版社，2015.12（2023.7重印）
（世界军事名人传记丛书）

ISBN 978-7-5387-4832-1

Ⅰ.①威… Ⅱ.①郭… Ⅲ.①威灵顿，A.W.（1769～1852）–传记 Ⅳ.①K835.615.2

中国版本图书馆CIP数据核字（2015）第210469号

出 品 人　陈　琛
责任编辑　刘瑀婷
助理编辑　史　航
装帧设计　孙　利
排版制作　隋淑凤

威灵顿公爵传

郭光远 著

出版发行 / 时代文艺出版社
地址 / 长春市福祉大路5788号　龙腾国际大厦A座15层　邮编 / 130118
总办办 / 0431-81629751　发行部 / 0431-81629755
官方微博 / weibo.com / tlapress　天猫旗舰店 / sdwycbsgf.tmall.com
印刷 / 北京市一鑫印务有限公司
开本 / 710mm×1000mm　1 / 16　字数 / 150千字　印张 / 12
版次 / 2015年12月第1版　印次 / 2023年7月第3次印刷　定价 / 36.00元

目录 Contents

格"干城之将"语出《资治通鉴》，"干"指盾牌，"城"指城墙，用以形容守卫国家的大将，又特指擅长防守作战的杰出将领。威灵顿公爵堪称英国历史上最出色的防守型统帅，在他构建的阵地面前，敌方一波又一波的攻击都被化解，等到敌方精疲力竭、士气低落之时，威灵顿便将所有部队投入反攻，给敌方致命一击。

威灵顿的整个军事生涯几乎都是在与法国人作战，通常情况下，法军的炮兵和骑兵都占有绝对优势，其战术也主要采用火炮轰击、纵队冲锋、骑兵冲散对方步兵。对此，威灵顿创造出了有名的"后坡战术"，为了减少在敌方炮火下的伤亡，威灵顿把步兵布置于山的反面，或者是洼地，等到敌方的攻击部队压上来时，威灵顿的步兵便列好队形，在山脊上阻击敌军。

因为英军的军装是鲜红色的，所以威灵顿的步兵队形被称为"细红线"，这种队形可以最大限度地发扬火力。英军步兵普遍装备的是布朗贝斯火枪和贝克枪，在一百五十米的范围之内，一个步兵营在一分钟里，就可以射出一千至一千五百发子弹。

对于威灵顿的这种新式战术，法军直到战争后期，也没有找到特别行之有效的应对办法。不仅法兰西帝国的元帅们无法战胜威灵顿，甚至连拿破仑本人指挥的大军，也在威灵顿的防御体系面前耗尽了最后一点元气，导致了滑铁卢的巨大失败。

如果说特拉法尔加角海战的胜利保障了英国的制海权，避免了拿破仑入侵英国本土，那么，真正带领英格兰走向胜利的，则是威灵顿公爵指挥的半岛战争和滑铁卢战役。不过，威灵顿取得的这些成就，在后世者的眼中打了折扣。

2002年，英国广播公司举办了一个票选活动，选出"最伟大的一百名英国人"，指挥特拉法尔加角海战的霍雷肖·纳尔逊排名第九位，而威灵顿则排在了第十五位。这样的结果是值得研究的，其原因主要有两个方面。

一是人们在内心里更认同悲情英雄，这符合人们的审美习惯。纳尔逊在征战生涯里先后失去了右眼和右臂，而1805年的特拉法尔加角海战，纳尔逊在最后的胜利时刻不幸阵亡。

相比之下，威灵顿自从登上伊比利亚半岛，便连续击败法军，直到将法军赶出伊比利亚半岛，这个过程是极其辉煌的，也是过于顺利的，而这种过于顺利的成就会使得人们审美疲劳，不像悲情英雄那样更容易产生共鸣。

二是英国的地理位置决定了英国人的战略理念，即重视海洋、轻视陆地。作为一个岛国的民族，他们总是希望海洋历史能够更加丰富多彩。在这样的心理之下，制海权便被过分地强调，纳尔逊也就排在了威灵顿的前面。实际上，战争并不是靠海军打赢的，往往具有决定意义的还是陆战的胜利。

滑铁卢战役已经过去了近两个世纪了，拿破仑和威灵顿两个人的影响程度，早已在人们的心里发生了奇妙的变化。许多年前，法国大文豪雨果曾经这样说道："失败反倒把失败者变得更加崇高了，倒下去的拿破仑仿佛比站着的拿破仑还要更加高大些。"可谓是一语中的。

世界各地的游客依然前往滑铁卢这个古战场，凭吊遗迹，但是，其中的许多人不知道威灵顿是何许人也，他们来这里是因为拿破仑的威名。在滑铁卢镇上，许多小商店都出售纪念品，但这些纪念品几乎都印着拿破仑的头像和名字。位于铁狮子峰下的滑铁卢战役纪念馆，是唯一能够看到威灵顿名字和画像的地方，许多人也是到了这里，才弄清楚这位击败拿破仑的英国将军。

不管怎样说，威灵顿是值得后人铭记的。他不仅为军事科学做出了贡献，也对英国的社会以至欧洲的政治进程产生了重大影响。他是世界历史上唯一一位获得七国元帅军衔的将军，世界上第一支警察部队也是由他创办。1852年，威灵顿病逝，英国政府为他举行了盛大的国葬，这也是英国最后一次展现各种纹章的葬礼。

第一章 · 家世及成长

1. 让母亲头疼的孩子

有一个耳熟能详的故事经常被各种励志类书籍所引用，说的是19世纪初，一位英国将军在战场上战败，逃亡的路上又遇风雨，他被迫躲进一家农舍的草堆里。凄风冷雨之中，他的内心充满了痛苦和绝望，不经意间，他看见了一只蜘蛛正在墙角吐丝结网。风一次次地把蛛丝吹断，蜘蛛又一次次地重新结网，最终整张网织成了。

将军被这种毫不气馁的精神深深打动，下定决心重整旗鼓，终于在1815年的滑铁卢战役中，他打垮了"欧洲雄狮"拿破仑。这位英国将军，就是历史上大名鼎鼎的威灵顿公爵。

威灵顿的远祖起先生活于英格兰中部，后迁往爱尔兰，因为严格恪守通婚习惯，历经了几百年，该家族依然保持着纯粹的英格兰血统。威灵顿的父亲名叫加雷特·韦尔斯利，从童年起，加雷特的兴趣就十分广泛，尤其喜爱音乐。十三岁的时候，加雷特已经是一个出众的男孩子了，功课优秀，琴也弹得好。

二十二岁那年，加雷特从年迈的父亲手里接过家产，并进入了爱尔兰下议院。随后，父亲病逝，加雷特又继承了爵位封号，成为年轻的贵族。加雷特到了成家的年纪，他看上了一个公爵的女儿路易斯纳·伦诺克斯小姐，求爱的过程起初很顺利，加雷特除了有一些不拘小节，几乎无可挑剔。

但是，情敌很快出现了。一个名叫康诺利的绅士也展开了追求，而且他答应的聘礼，足可以让女方家的资产翻上一倍。在这样的情形下，那位公爵府的小姐动摇了，公爵府的人委婉地对加雷特说道:"很抱歉,加雷特先生,公爵小姐对您没有太大的感觉……"

求婚的失败在加雷特的心里留下了些许伤痛,但是没过多久,他的伤痛就被安娜小姐治好了。安娜小姐是第一代邓甘嫩子爵的长女,与加雷特初见那年,她刚满十六岁。安娜皮肤白皙,容貌端正,谦恭有礼,唯一不足的是不大懂得装饰,但这已经不重要了。加雷特十分殷勤,没过多久,两个人走进了婚姻的殿堂。

1760年,英国国王乔治二世病逝,随即,乔治三世即位。加雷特的爵位得到了升级,称为"莫宁顿伯爵"。许多年来,加雷特始终对音乐满怀热忱,为了与意大利滑稽剧抗衡,加雷特曾经资助一家剧院排演讽刺剧。他还牵头举办过一场慈善音乐会,并亲自担当了交响乐队的指挥。为表示对其贡献的肯定,都柏林三一学院授予加雷特音乐博士的学位,并聘请他担任音乐教授。

加雷特的家中也开始人丁兴旺,在本书的主人公威灵顿出生之前,家里面先后有五个孩子降生,分别是儿子理查德、儿子阿瑟、儿子威廉、儿子弗朗西斯、女儿安娜(与母亲同名),其中,阿瑟和弗朗西斯在童年时就不幸夭亡。

1769年初,加雷特带着怀孕的妻子和孩子们搬到新居,新房子位于梅里恩街,房屋造型十分前卫。房主人是安特里姆勋爵,加雷特与他签订了一份长期租房合约。每一个来访的客人都会对屋内的陈设赞叹不已,但是安娜夫人有孕在身,心情有些郁结,对周围的一切都兴趣不大。

5月1日那一天,一名医生急匆匆地赶往加雷特的府邸,药剂师也以最快的速度送来一剂镇静药。安娜夫人顺利分娩,生下了一个男孩,取名为亚瑟·韦尔斯利,这就是本书的主人公威灵顿公爵,他的本名很少为人们所提及,而他在军事生涯巅峰时刻获得的封号

"威灵顿公爵"却广为世人熟知，并成为了他无可替代的名字。

转眼之间，小威灵顿已经六岁了。这一年，北美洲爆发了反抗英国殖民统治的独立战争，加之英国国内的种种问题，社会形势十分动荡。父亲加雷特丝毫没有受到什么影响，在音乐会上，他依然从容淡定地指挥小提琴手演奏。

但是，加雷特平静的生活发生了一个小插曲，有一天，他坐在一辆马车里出行，车夫突然拉缰绳停住了马车，加雷特探出身子去看，原来一个强盗拦住了路，正用手枪指着车夫。一辈子摆弄乐器的加雷特从没见过这种场面，不知所措。车夫缩在那里发抖。最后，这个强盗从容地拿走了加雷特的钱和金表。过了一段时间，警察捉住了这个强盗，并让他受到了应得的惩罚。

除了在都柏林的宅子，加雷特在兰斯特省的丹根堡还有一座宅子，威灵顿的童年主要在这两座住宅中度过。对城市的繁华喧嚣感到百无聊赖的时候，一家人就去丹根堡住上一阵子，体会乡下特有的宁静。在丹根堡期间，家人把威灵顿送到曲姆小学读书。在都柏林时，威灵顿去怀特先生学院读书。

不久后，加雷特举家迁往伦敦，在骑士桥这个地方住下了。这一段时间以来，家里又多了三个孩子，威灵顿有了两个弟弟杰拉尔德和亨利，还有一个小妹妹玛丽·伊莉莎白。家人把威灵顿送到布朗预备学校读书，这家学校位于切尔西的国王路，后来又被命名为牛津屋学院。

本来，移居伦敦的一个原因是为了节省家庭开销，但是事与愿违，他们的手头开始有些拮据了。尽管家里还有装饰体面的马车，但是很少使用，由于经济原因，加雷特很多应该出席的场合他都极少去。从加雷特成家以来，他每年的收入是八千英镑到一万英镑之间，以当时的条件来看，这是一笔不菲的收入，而且这么多年来应该积蓄很多。

但是，加雷特一直是交响乐队的投资人，他的很多钱都花在了音乐上面，而交响乐队并不是商业团队，为投资人带来的收入简直少得可怜。无奈之余，加雷特把名下的一座庄园进行了深度抵押，希望能够平衡收支，但是仍然存在不小的资金缺口。几个孩子的教育开销像一块大石头，压在了加雷特的胸口。

到了1780年，加雷特的身体也出了毛病，一天不如一天，与此同时，经济问题仍旧一筹莫展。一个财务顾问认真地计算了他的财产，得出的结论是把债务和抵押排除在外，加雷特还需要筹集到一万六千英镑才能维持平衡。另外，那位顾问建议，加雷特身体康复之后，最好搬回丹根堡居住。如果一味地耗下去，将来加雷特的继承人只能把房子卖掉，去国外过旅居生活。

生活的乱麻还没来得及梳理，加雷特在1781年初春病逝了，这对他来说或许是一种解脱，因为再没有什么事情可以难为他了。这一年，长子理查德二十岁，他继承了"莫宁顿伯爵"的头衔，与母亲安娜一道主持了父亲的葬礼。十二岁的威灵顿悲伤而又凝重，他看着覆盖黑布的灵柩，马车时不时地颠簸一下，灵柩上面黑色的羽毛不停地震颤着。

理查德成为了年轻的家长，面对的是很多令人头疼的事情，不仅要安排母亲的生活和弟弟妹妹的教育，他自己也还有事业要忙碌。所幸的是，困顿之中也有慰藉，一位刚刚过世的表亲因为没有子嗣，其名下的一处庄园留给了理查德一家人，这让他们身上的负担减轻了一些。

1781年8月，理查德把家里在密斯的土地抵押了，虽然有点拆东墙补西墙的意思，但是家里的境况至少有了起色。理查德志向远大，想成为一个国务活动家，他先是进入议会成为议员，随后又因在政治场合颇得人缘，他得到了具体的公职。秋天很快来到了，十二岁的威灵顿和九岁的杰拉尔德进入了伊顿公学读书。

伊顿公学是英国的一所著名的学校，位于英格兰的温莎镇，紧邻泰晤士河。公元1440年，兰开斯特王朝的最后一位英格兰国王亨利六世创立了伊顿公学，最初的目的是为贫困生提供免费教育，同时，伊顿公学也是进入剑桥大学国王学院的预备学校。历经两百多年的发展与积淀，伊顿公学成为了一所名校，学生几乎是清一色富家子弟。

当威灵顿拉着弟弟的手走进伊顿时，他们看到三百多个男孩子也在这里读书，这样的集体学习生活让他们既新奇又无措。伊顿公学的最大特点就是能将一个调皮捣蛋的孩子教育得守规矩，这对小兄弟也经历了刚入学的严格训导。威灵顿在学校的表现并不活泼，他总是有些郁郁寡欢，喜欢一个人孤独地散步。

许多年后，有传闻说威灵顿在滑铁卢战役胜利后，志满意得地说道："滑铁卢战役赢在了伊顿公学的操场上。"意思是伊顿公学的操练锻炼了他的军事指挥才能，从而赢得了最后的胜利。这句话要么是威灵顿随口说着玩的，要么是旁人的杜撰，在威灵顿学习的那几年里，伊顿公学根本就没有操场。

威灵顿和杰拉尔德这对兄弟经常缺席"礼仪课"，老师在教堂点名时，他们有时也不在场，为此，他们没少受罚。有一天，国王骑马经过伊顿公学，碰巧威灵顿在不远处站在那里看，国王把他叫到近前，问道："好孩子，上一次被罚是什么时候？"威灵顿照实说了。

国王又追问道："你叫什么？母亲是谁？老师又是谁？"威灵顿也都说了。最后国王似乎很欣慰地说道："你的母亲和老师都很好。"威灵顿觉得十分亲切，国王竟然如此和蔼。实际上，国王每次和这里的学生说话，都是这么几句套话。

学生宿舍的每个房间里要住好几个人，威灵顿的房间也不例外，闲暇的时候，男孩们就去屋子前面的花园里玩耍。同学之间经常互相搞恶作剧，有一次，威灵顿正在洗澡，一个石头子飞了过来，打在了他的额头上。威灵顿怒气冲冲地走出去，原来是一个叫史密斯的同学干的，随后，两个男孩扭打在一起，直到宿舍管理员赶到，他们才罢手。

以往的旷课是违反纪律，但这一回与同学打架就是违反校规了，为此，威灵顿和史密斯两人都挨了鞭子。弟弟杰拉尔德对哥哥非常崇拜，兄弟两个在很多方面保持着一致，他们同时升入"希腊高级班"学习，主要课程是学习拉丁诗人奥德威的诗作、罗马剧作家特伦斯的剧作，还有学习拉丁文圣经。

尽管兄弟两人没有偷懒，但是学习仍然很吃力。到了1782年春天，他们连奥德威的诗作还没有学完，学校的课程安排是不等人的，关于凯撒和伊索寓言的课程也加了进来，在兄弟两个看来，这样的课程简直是漫长没有边际的，除了硬着头皮坚持，没有别的办法。

威灵顿虽然没有考倒数第一，但是在班级里排名靠后，这是不争的事实。没过多久，杰拉尔德退出伊顿公学，一方面因为学习没有起色，另一方面学费是很大的负担。大哥理查德进入政界后交际频繁，开销也很大，最小的弟弟亨利也到了上学的年龄。威灵顿在这一段时间里很用功，但是进展缓慢，到了1784年上半年，为了节省开支，威灵顿也离开了伊顿公学。

在母亲安娜的眼里，威灵顿是一个比较难办的孩子，她希望上帝能够亲自告诉她，到底该怎样安排这个孩子的前途。几经思索，安娜决定带威灵顿去旅行一段时间，目的是开阔威灵顿的眼界。母子俩来到了比利时的布鲁塞尔，寄居在大律师路易·古贝尔的一处房子里。

已经有一些学生跟随古贝尔学习法律，母亲安娜也希望威灵顿学习法律，她还请求古贝尔教威灵顿法语。威灵顿在布鲁塞尔的生活持续了一年，法律和法语都学得一知半解，据威灵顿的一位同学回忆，那时候的威灵顿极其酷爱音乐，除了擅长拉小提琴以外，几乎没有什么长处。

作为一个男人应该接受的教育，威灵顿远远没有完成，母亲安娜头疼之余，觉得这个儿子"除了去战场上当炮灰，做不了别的事情"，便决定送他去学习马术和军事。于是，在1786年1月16日，威灵顿进入法国昂热王家马术学院，这里除了教马术，还有击剑课和跳舞课。

科目的混合似乎看起来有些别扭，但是在当时的马术学院里，这样的情况很盛行，目的是培养出一个个既英武果敢又风度翩翩的绅士。每一天的课程安排是这样的：早晨跳舞，接下来是骑马练剑，学习语法；下午主要是数学课，最后又以跳舞来结束一天的学习。

在法国的学习生活比在英国的伊顿要有趣，威灵顿表现得要好一些，最大的成就是他学会了讲一口流利的法语。不过，威灵顿的兴趣还是发生了旁移，他有一只名叫维克的小猎犬，几乎整日带在身边。他经常去当地的贵族那里聚餐，酒足饭饱之后，便拉开阵势斗狗。

2. 进入军界

就在威灵顿逍遥快活的同时，家里面把丹根堡的房产抵押了，但是仍然入不敷出。1786年底，威灵顿回到英国，母亲安娜决定给威灵顿找个差事，她坚持认为，这个儿子只能当兵吃粮。哥哥理查德此时在财政部任职，他赞同母亲的意见，盘算给弟弟谋个差事。

有一天，理查德拜访了英格兰驻爱尔兰的总督，寒暄之后，理查德说道，自己有一个弟弟已经成年，现在待在家里，希望能够安排进陆军，具体做什么都行。总督听完后，让理查德等他的回复。1787年3月7日，威灵顿被任命为第七十三高地步兵团的掌旗官，授少尉军衔。

当时的英国正一步步地扩大在印度的殖民统治，没过多久传来指令，第七十三步兵团将择日开赴印度。家里人都不希望威灵顿长途跋涉，身犯险境，便开始走后门疏通关系。有哥哥理查德的关照，这件事变得十分顺利。当年圣诞节那一天，正式的任命下来了，威灵顿调往第七十六团，晋升为中尉。

转眼到了1788年2月，冬天已近尾声，春意萌动。威灵顿开始收拾行装，准备去爱尔兰的首府都柏林上任。英国驻爱尔兰的新任总督是白金汉爵士，这一回，威灵顿的职务是白金汉爵士的贴身副官，当然，这也是家里为他谋求的。

在赴任途中，他在威尔士停留了一天，去拜访了母亲安娜的朋友们，这些贵族夫人住在威尔士北部的兰格伦。他受到了周到细致的款待，此时的威灵顿是一个身材高大、英俊优雅的年轻军官，母亲的朋友们都对他赞不绝口。

　　威灵顿回到了他出生的城市，那种熟悉感让他回忆着童年。他的主要工作职责是陪同白金汉爵士骑马外出，还有参加在政府大厅里举行的各种仪式。哥哥理查德在英国议会非常繁忙，所以有些时候，威灵顿还要处理家族拥有的庄园事务。闲暇的时候，威灵顿经常一个人静静地拉小提琴，但是酒宴、赌钱等各种游乐活动中，也几乎都有他的身影。

　　威灵顿也并非处处都能受到欢迎，有一次，他接受了一个野餐会的邀请，为此，有几个客人拒绝了聚会，他们的理由是威灵顿活泼得让人头疼，如果他不在，倒是可以考虑参加聚会。还有一次，威灵顿对宴会上的一位贵族小姐很有好感，便殷勤地提出要送她回家，结果对方一声不吭，独自坐马车走了。威灵顿为了掩饰自己的尴尬，混在离场的乐师中悄悄退出。

　　游乐加上赌钱，使得威灵顿每年一百七十二英镑的薪水所剩无几，每当他愁闷地坐在窗前，凝视着利菲河的时候，他的房东就猜到这个小伙子缺钱了。房东是一个慷慨大方的鞋匠，很多时候都是他借钱给威灵顿，他也因此得到了回报，威灵顿不仅还清了全部的钱，还想方设法为这个鞋匠弄了一个公共职位。

　　但是，并不是每一个帮助威灵顿的人都这样幸运，有一个朋友曾经借给威灵顿一百英镑，这笔钱直到七年之后才偿还。1789年，法国爆发了大革命，主导法国多个世纪的君主制度开始土崩瓦解。这是一个史诗般的大转折，此时的拿破仑只是炮兵部队的下级军官，不过，距离他登场的日子已经不远了。威灵顿和拿破仑仿佛两条平行线，风云变幻的时势让他们有了对决的可能。

　　1790年4月，威灵顿代表曲姆地区进入爱尔兰下议院，成为议员，第一次参与政事让威灵顿获得了小小的成就感。威灵顿和一个军营的副官一起致力于社会服务，在彩票事业上也花费了很多心力。1791年6月30日，威灵顿被任命为驻爱尔兰第58团的一个连长，军衔升为上尉。因为军务，威灵顿有时会去科克港出差，但是大部分时间，他还是呆在总督府做副官。

1792年的一个秋日，威灵顿在拉特兰广场散步时，邂逅了朗福德勋爵的妹妹凯瑟琳·基蒂·帕克南。凯瑟琳有一双明亮的眼睛，当她的目光扫向威灵顿时，威灵顿觉得自己就像被网罩住的鸟儿，再也无法动弹。自此之后，威灵顿向凯瑟琳展开了追求。

仅有一腔恋情是不够的，朗福德家族想得更现实一些，威灵顿还只是个上尉，薪水有限，因此朗福德勋爵坚决反对这门婚事，他告诉威灵顿，如果想娶凯瑟琳，就用十年的时间把自己变成一个大人物，然后再来找她。

得到了这样的答复，威灵顿懊丧的同时，也激发了他无限的斗志。为了能够一心一意地向晋升的道路攀登，威灵顿下定决心做了两件事：第一他戒赌了，以往的打牌消遣让他输了不少钱；第二是他烧掉了自己心爱的提琴，对于一位心怀大志的军官来说，沉溺于音乐是弱点，也不像一个军人的风格，更何况，父亲加雷特就是因为音乐而变得贫穷。

威灵顿对提起这些往事并不介意，他说父亲的命运如同是对他的警告，他永远都不后悔这样做。破碎的提琴窜出火苗，凯瑟琳的面影浮现在了眼前，为了心爱的姑娘，威灵顿彻底放弃了音乐，决心成为一个优秀的将军。

法国大革命的浪潮震动了整个欧洲，令旧有的封建体系深感威胁，第一次反法同盟因此建立。1793年2月1日，法国对英国和荷兰宣战。4月30日，威灵顿成为第33团的少校军官，33团负责维护爱尔兰的地区治安，威灵顿不再把大部分时间都放在总督府，而是用更多的时间操练部队。

那一年的夏天，立功心切的威灵顿写信给哥哥理查德，信中说："能否让皮特先生出面，把我以一个少校的身份调到一个军团。如果要出国作战，就必须挑选现役军官。我和别人条件大致相当，机会也是均等的……虽然目前这个时候出国，既不合时又有危险，但是大军如果真的开拔，我也想一起去。"

他的这一申请被理查德放在了一边，威灵顿仍旧呆在爱尔兰。不过，这一年里，从爱尔兰派到马提尼克作战的部队，不仅伤亡颇重，许多人还因黄热病而死去。战报传来，理查德觉得不让弟弟身犯险境是无比正确的。夏末，理查德将丹根堡的房产全部出售，签署出售契约时，威灵顿也在场，他意识到整个家族所能依靠的只有兄弟们的光辉前程了。

9月30日，威灵顿晋升为中校。10月，法军在维提格尼重创奥地利军队，眼见着反法同盟的军队一次次败下阵来，英国的内阁也在讨论出动大规模军队与法国作战的问题。传出的消息是政府打算派一支两万人的部队去弗拉芒，在英国的朴茨茅斯港，一些作战连队已经开始集结。据说第33团也将参加，这个消息让威灵顿忙碌了起来。

如果威灵顿此次战死沙场，那么他的债务问题容易变成无头账，那些债主一个比一个精明，所以威灵顿在整顿军务的同时，还要抽时间说服那些债主们把心放在肚子里。但是，命令第33团参战的命令迟迟没有下达，眼见着别的部队一个个开拔，威灵顿所做的只能是等待，一直等到第二年，还是没有动静。

战术的僵化加上情报的模糊，使得英国的军事指令显得杂乱。了解到比利时的奥斯坦德港口处于危险境地，英国内阁决定派兵增援，终于轮到第33团上场了，威灵顿是该团的代理团长。出发前，一位近卫军的老军官对威灵顿说道："你要碰到的困难是难以想象的，没有饭吃是常事。"随后他又补充说道："冷牛肉和红酒简直是幻想，压根儿就没什么吃的！"

这位老人并没有夸大其词，当时英军的总司令是约克公爵，统率三万多人与法军作战。说是作战，实际上连一场值得欢呼的胜利都没有，而且部队的给养供应时断时续，士兵饱受饥寒之苦。总结起来是部队什么都缺，经验丰富的指挥官也缺少。

3. 艰苦的行军

1794年6月初，威灵顿和他的第33团在科克港登船，在大海上航行了半个多月后，他们在奥斯坦德港登陆了。英军主力部队在法兰德地区损失惨重，上级命令第33团不必与主力汇合，而是留在奥斯坦德，担任后卫。没过多久，法军开始逼近奥斯坦德，与法军正面硬碰硬是不理智的，所以威灵顿当机立断，部队迅速由海路撤退。

第33团撤到了荷兰的港口安特卫普，这是威灵顿指挥的第一次成功的小规模军事行动。在比利时境内的布鲁塞尔防线一直不稳固，反法同盟之间的作战会议都召开得十分困难。随后，奥地利军队被击溃，联军的各支部队纷纷退却，法军攻占了整个比利时。

约克公爵重新调整部署，打算让他的部队和荷兰军队、普鲁士军队一道建立防线，把法国人阻挡在荷兰边境之外。不过，法军不会给对方足够的喘息时间，他们很快从边境上攻了过来。

在荷兰的布拉班特省，有一个名叫博克斯特尔的地方，当法军的散兵纵队向这里发起冲锋时，威灵顿指挥第33团严阵以待。敌方进入射程后，威灵顿命令火枪齐射，终于暂时逼退了法军。这在整个作战中也算一次拿得上台面的胜利，为此，阿伯克龙比将军代表约克公爵和他本人，赞扬了威灵顿和第33团的优秀表现。

亲历了战场上的种种，威灵顿意识到这次战争取胜的希望几乎没有，在给哥哥理查德的信中，威灵顿盼望能在冬天回到爱尔兰。英军一直在防守，冬天来到了，这注定是一场艰苦卓绝的意志较量。第33团是作为后卫部队的，威灵顿深感责任重大，神经一直处于紧绷状态。由于司令部指挥混乱，威灵顿和他的团队几乎是在独自行动。

荷兰的冬天非常严酷，大地和运河都被冻得十分硬实。威灵顿希望，法国人能撤回他们的宿营地里安稳地过冬，按照常识，这样的季节是不适宜作战的。但是法军可不这么想，因为河面封冻，这对处于防守态势的英军十分不利，法军可以随时攻过来。

白天，双方隔河对峙，有的法军士兵还高声喊话，与英军的士兵聊天。到了夜晚，法军就穿过冰面，开始骚扰性的进攻，往往是打退了一次之后，刚准备躺下睡觉，法军就又鼓噪着压上来了。威灵顿在信中对理查德说："我们无法安稳睡觉，不论军官还是士兵，都快要被折腾死了。"

威灵顿已经很久没有脱下衣服好好睡一觉了，每到夜晚，他开始与巡逻兵一起呆在河边，注视着法军的动向。在另一封给哥哥的信里，威灵顿说："双方对峙已经有六个星期了，如果法军那边能够安静下来，或者有部队把我们从前线替换下来，我就回英国。但是，法军的进攻一直没完没了。"

虽然英国士兵用很大的代价在保卫荷兰，但是很多荷兰人并不领情，有的人觉得法国人比联军士兵更可爱一些，尤其是在乡下，荷兰人对联军士兵的敌意往往处于公开化。更令人担忧的是，联军中的荷兰部队也开始动摇，一位荷兰指挥官甚至私下里与法国将军皮舍格吕会面密谈。

没过多久，法军大举进军乌德勒支，那里由荷兰军队布防，他们只是象征性地抵抗一下就缴械投降，就这样，联军防线全部崩溃。在整个过程里，只有威灵顿的第33团做了一次小规模的抵抗，英军总司令约克公爵命令所有部队撤退。法军动作神速，占领了荷兰的所有港口，这样，英军从海上撤退的路线被切断，只能选择条件恶劣的陆路撤退。

英军打算穿过一片望不到边际的荒原，去德国的北部港口，在冬夜月光的照耀下，这片荒原简直就是奇异而可怕的大地。部队没有发放冬装，士兵身上的御寒衣物都是从不同的途径得来的，有的是靠公共筹款购买的，有的是军官自掏腰包为士兵购买的。

本来这支败军就衣衫破旧，走了一程之后，他们的形象可以用衣衫褴褛来形容。一些士兵被冻死，活着的人不仅要顶住严寒，还要忍饥挨饿。到了后期，这支军队的纪律性荡然无存，他们依靠沿路抢掠来填饱肚子，士兵之间也经常会因争夺食物而发生恶性斗殴。

1795年1月，他们终于走出了白雪覆盖的大荒原，到达了埃姆斯河流域。一位将军在清点人员和物品后，向约克公爵报告："您的部队惨不忍睹，军官和车辆还算完好，但是士兵都没有人样了。"摆脱了窘境，现在需要做的是让士兵恢复体力，秩序和纪律要重新予以贯彻。

对于自己的团队，威灵顿下达命令，禁止射杀各种动物。有一天，第33团的几个士兵发现了一群野鹿，他们想吃新鲜的鹿肉，便开枪打死了几只鹿，威灵顿得知后，毫不犹豫地把开枪的士兵控制起来，交给了军事法庭。他对士兵们再次重申："除了使用枪械执勤以外，不许开火。"

冰雪渐渐消融，大批英军来到了德国的港口不莱梅，准备登船回英国。威灵顿忙于安排各项返程事务，等到这些工作一忙完，威灵顿就立即乘船，在3月份返回英国。此时，第33团的大部官兵刚刚上船，还有一些分散的小部队没有联系上，直到4月13日，第33团的最后一支连队在清晨的海雾中登上甲板，这标志着漫长而艰苦的战役终于结束了。

第33团归来之后，驻扎在英国的埃塞克斯郡，威灵顿没有和部队在一起，他仍旧做起了爱尔兰总督副官，此时的爱尔兰总督是卡姆登。威灵顿作为中校军官和总督副官，每年的薪水是五百英镑，他一直想着凯瑟琳·基蒂·帕克南，但这些钱根本不可能使他变成一个大人物，更何况，都柏林的债主们还在等待着威灵顿还钱。

威灵顿希望卡姆登总督能够给他安排一个薪水丰厚的职务，但是卡姆登一直没有给予肯定的答复。6月份的时候，威灵顿住在位于曲姆的小房子里，虽然前景黯淡，威灵顿还是盘算着把国家津贴卖掉，这样可以给凯瑟琳·基蒂·帕克南买一栋房子，而自己呢，得到爱尔兰财政委员会的一个职务还是有希望的，如果这两件事顺利实现，他就有底气再向凯瑟琳求婚。

一直等到了秋天，爱尔兰财政委员会的职位还是没有任何动静，同时，有消息传出，爱尔兰炮兵总监这个职位在不久后会有空缺，威灵顿对这个岗位的热情远远超过了前一个，但是现任总监是凯瑟琳的叔叔，威灵顿不想也不能向他施加压力，所做的只能是等待。

威灵顿曾数次向卡姆登委婉地暗示，如果自己能够得偿所愿，那么哥哥理查德一定会视卡姆登为朋友，以后大家可以互相关照。但是卡姆登并不买账，每一次都是搪塞过去。威灵顿最后放弃了谋求职务，他思索了一下自己的前途，决定还是彻底投身于军事，如果想成为一个大人物，这是最适合他的道路。

威灵顿回到第33团，在驻地等候指令。没过几天，命令下达，第33团出征西印度群岛。西印度群岛是北美洲的岛群，位于大西洋及墨西哥湾、加勒比海之间。威灵顿给卡姆登总督写了封信，说自己即将远征。

卡姆登为摆脱了威灵顿的纠缠而感到开心，所以回信写得很客气，也很虚伪。他说道："你要在冬季里离开，这真令人遗憾。从军远征是一项伟大的事业。等到你凯旋的时候，我会为你做出令你满意的人事安排。目前可惜的是，财政委员会的空缺只能由别人来做了。"

入冬之后，海上的天气变得非常恶劣，乘船横渡大西洋无疑使很多人忧心忡忡。11月的一天，在军舰的护航下，运兵船队还是启程了，很多市民在岸上目送他们离开。当天晚上，大暴风雨席卷了海面和陆地，船队中的七艘船被吹到了切希尔的海滩上，其余的船也只好返回英国的朴茨茅斯港。

到了12月初，船队再次起航，不过，海上的狂风一连刮了一个多月，整个船队七零八落，毫无秩序和建制可言。又过了近一个月，大部分船只和人员陆续抵达了西印度群岛。另外有三十艘船被吹回英国的索伦特海峡，只好留在那里避风，威灵顿和他的第33团就在这里面。

随后，威灵顿接到命令，第33团返回国内，不必去西印度群岛了。可以说，这场大风暴拯救了威灵顿和第33团，因为在西印度群岛战役结束后，一位死里逃生的军官说道："去西印度群岛服役，简直就是九死一生。在经历了没完没了的雨季和黄热病之后，大多数人都在那里被解决掉了！"

在大海上饱受折磨的第33团返回国内后，先是在普尔进行整编，随后在威赛科斯驻扎，度过了一个平静的冬天。1796年来到了，第33团接到了新的命令，要他们在4月份开往印度。威灵顿因为身体欠佳，没有和部队一起出发，他打算等到身体恢复之后再前往印度。5月3日，威灵顿晋升为上校军衔。

6月初，威灵顿来到伦敦，暂时住在萨维尔路的一栋房子里，他来伦敦的主要目的是采购物品，为出行做准备。威灵顿最后来到了邦德街书店，买了很多本书，装了整整一箱子。月末的时候，他回到朴茨茅斯港，等待上船。

从威灵顿的书目来看，除了关于凯撒的书以外，其余的都是关于印度的，诸如战争、印度的历史政治等等。威灵顿费心挑选的这些书，表明他决心在印度长久地呆下去，要在那里有一番作为。哥哥理查德是一个印度通，他看出来此次的职位对威灵顿是一个机会，如果运气也足够好的话，威灵顿将来的舞台会比在国内要大得多。

第二章　在印度扬名

1. 短暂的马尼拉之行

　　船只离开了朴茨茅斯码头，海岸线渐渐变得模糊，二十七岁的威灵顿伫立于船头，迎接他的将是长达数月的航程，还有一片陌生的大地。他除了带了一箱子的书，还有踌躇满志。以当时的航线，从英国去印度，必须先沿大西洋向南航行，绕过非洲好望角，然后一直向东。

　　1796年的秋天，威灵顿到达了好望角，这里本是荷兰人的殖民地，英国人发现，与其为了荷兰与法国作战，还不如直接吞并荷兰的殖民地，这样做得到的回报更多，而且风险很小。而且，整个荷兰现在在法国的控制之下，占据好望角也不能说是对荷兰的背信弃义。

　　世界各地的旅行者和探险家路过好望角，几乎都要在这里歇一歇，品尝一下当地著名的葡萄酒。威灵顿也要在这里作短暂停留，先期出发的第33团官兵早已经到达了这里，等待着他们的长官威灵顿。威灵顿在整理军务的同时，还结识了两位年轻的姑娘，一位是杰迈玛·史密斯，另一位是亨利埃塔，她们也要去印度。

　　史密斯性情活泼，言辞犀利，嘴上不饶人。十七岁的亨利埃塔娇小可爱，举止闲逸从容，威灵顿一时间里着了迷，士兵们也都发现了他的这一变化。在姑娘的眼里，威灵顿鼻子很大，说话语速非常快，偶尔会有一点咬舌音，眼睛是清澈的湛蓝色，更有意思的是，他的胡子如同野草一般顽强生长，每天为了保持仪表，威灵顿要刮两遍胡子。

1797年2月15日，威灵顿和部队抵达印度加尔各答。此时的印度殖民地总督是约翰·肖尔男爵。虽然从登陆之后，威灵顿就一直在忙碌，但他还是特意拜访了总督大人。约翰男爵发现，威灵顿的身上有一种亦正亦邪的气质，所有的理智都隐藏在他活泼的外表下，这样的特质是极为珍贵的，因此约翰男爵断定，威灵顿会在印度大有作为。

　　3月17日，加尔各答的一处大厅里灯火通明，绅士淑女济济一堂。这是纪念圣帕特里克的宴会，威灵顿自然也在场。圣帕特里克节源自爱尔兰的一个古老的历史故事，早在公元432年，教皇派遣圣帕特里克前往爱尔兰，劝说爱尔兰人信奉基督教。

　　圣帕特里克在维克洛上岸后，一些心怀敌意的人们企图用石头砸死他，圣帕特里克十分镇定，他俯身摘了一枝三叶酢浆草，以此形象地阐释了圣父、圣子、圣灵三位一体的基督教义。周围的爱尔兰人深受触动，接受了圣帕特里克主施的庄严洗礼，自此之后，爱尔兰人以基督教为信仰。

　　公元493年3月17日，圣帕特里克逝世，为了纪念这位圣者，爱尔兰将3月17日定为"圣帕特里克节"，这一天也被视为爱尔兰的国庆节，酢浆草也成为了爱尔兰的象征之物。

　　在纪念圣帕特里克的宴会上，威灵顿洒脱不拘，他竟然坐在了宴会主人的位子上，喝酒谈笑，还做得有模有样。居住在加尔各答的绅士们除了怀表不离身，水烟筒也是不离身的，他们会在打牌的时候抽上几口，在剧院看戏也是这样，吃完了宴会的正餐，上甜点饮品时，客人们也会拿出水烟筒。威灵顿只是偶尔抽一点雪茄，对别人的水烟筒感到惊奇。

　　在印度的先期生活是闲逸而愉快的，每天早晨，威灵顿都是骑骑马，然后和朋友一起去总督府讨论公务。4月份的时候，威灵顿和一帮朋友，沿着恒河而上，来到了美丽的小城钦舍拉。他们一共十二个人，除了喝酒和骑马，他们还玩起了台球比赛。

6月份，一帮人又到了钦舍拉，有一个名叫希基的年轻人，他是一个冒险主义者，长期旅居在印度，主要职业是律师，后来又当起了传记作家。这次聚会特意请来了一个法国厨师，希基本人还带了一只乌龟和很多鹿肉，此外，各种香槟酒、葡萄酒应有尽有。

英国为了扩大殖民地，已经与迈索尔王朝进行了多次战争，但是决定性的战役还没有发生。威灵顿意识到这场战争早晚会打响，所以主要精力都在研究战役的准备方案。在宴会之余，一位将军问威灵顿对于轻型火炮有什么见解，威灵顿并不擅长这方面，但他还是运用术语予以了回答，这得益于他在航海途中阅读的那些书籍。

此时，英国政府决定要大胆地夺取西班牙在太平洋地区的殖民地，同时，英国人对菲律宾，还有荷兰控制下的爪哇也非常有兴趣。在组建远征军的同时，威灵顿有希望担任驻孟加拉英军的司令官，他对此非常兴奋，因为如果得到了这个职务，威灵顿就可以很快把债务还清了。

可惜威灵顿没有如愿，他仍旧担任第33团的团长。7月份的时候，传来了一个极好的消息，现任总督约翰男爵任期满后，英国将派遣理查德来接任印度总督。哥哥理查德一向任人唯贤，而不是任人唯亲，威灵顿要想得到关照，也必须先把自身做好。一想到兄弟两个共事一处，威灵顿还是喜不自胜。

威灵顿写信，叫哥哥尽快把国内事务处理完毕，早一点来印度。理查德本人并不急切，他的观念是，在整个大英帝国的疆域里，印度总督这个职务是仅次于首相的，所以他要进行精心而认真的准备，不能浪费这次表现尊贵地位的机会。整个韦尔斯利家族都注视着理查德带来的荣耀。

欣喜之余，威灵顿开始专注他的职责，第33团不久会开赴菲律宾的马尼拉。鉴于从以前行军中得到的经验，威灵顿特别重视后勤供应，关于制度上的缺陷，他与总督府进行了沟通协商。另外，威灵顿还关注士兵的身体健康，他要求军医要随船并负起责任来。

出发之前，威灵顿就卫生情况发布了一系列的命令，包括士兵要轮流值勤，冲洗甲板；用哑铃锻炼身体；每天的早上和晚上，士兵都要各洗一次脚。虽然这些命令看起来与战争没多大关系，但是威灵顿知道，这些细节有助于保持士兵的体能，进而很有可能会在关键时刻，影响整个战役的结局。

希基来拜访威灵顿了，他建议部队应该带一位牧师，这样可以安抚官兵的精神头脑。希基推荐了一位自己的朋友，威灵顿很爽快地接受了。第33团在8月份起航了，起初的几天里，官兵们发现，那位新来的随军牧师不仅没有给他们讲些有益的东西，反而每天喝大酒，耍酒疯，最严重的时候竟然当众暴露私处。

折腾了一番之后，这位年轻牧师又陷入深深的忏悔之中，他不吃饭也不喝水，把自己关在船舱里，面壁思过。威灵顿担心他的身体会吃不消，便劝说他，不要把酒后失德看得过于严重，应该先养好身体，再逐渐努力，做一个好牧师。但是这样的劝说毫无作用，那位牧师还是不吃不喝，又捱了一个星期，当勤务兵去船舱里给他送早饭时，发现牧师已经死了。

又经过了一段时间的航行，船队抵达了南洋群岛，这里是世界上最大的岛群，由一万八千多个大大小小的岛屿组成。在这片风土人情迥异于欧洲的土地上，威灵顿在沙滩的棕榈树下怡然漫步，可以望得见槟榔屿。

整个部队都在休整期间，威灵顿也显得很轻松，因为习惯穿亚麻衬衣，威灵顿通过漫长的邮政系统，向家乡订购衬衣。在给家人的信中，他说："在英国的时候，人们会觉得居住在印度的人都很有钱，实际上并不是那样。但是，我可以很欣慰地说，我比以前富裕了很多，大概再过几个月，我至少能把全部欠款的利息还清。"

此时，荷兰人盘踞在爪哇，如果想夺占爪哇，英军必须跨过一道海峡，进行登陆作战。就在部队准备发动进攻时，英国政府突然下了一道命令，停止进攻爪哇的作战行动，远征军返回印度。

英国政府之所以下达了这样的命令，是因为同年夏天，法国的拿破仑消灭了威尼斯共和国。这一消息令英国人敏感起来，似乎觉得相隔甚远的印度殖民地也受到了某种程度的威胁，于是决定集中力量，加强印度的防务。

威灵顿曾经拟定了一份军事备忘录，在其中，他详细地评估了槟榔屿的防御问题，关于守军和军费都进行了梳理。他还曾经设想，在茂密的丛林里行军，渡过一条条的河流，最后如神兵天降一般出现在荷兰人面前，给予对方致命一击。现在，这些东西都无法实现了，威灵顿和他的第33团乘船回到印度。

在加尔各答，威灵顿又过起了觥筹交错的生活。其中就有希基先生，听闻自己引荐的牧师竟然那样死去了，希基也没有责怪威灵顿，关系仍然和以前一样。一帮人经常聚在一处，不拘礼仪地狂饮烈酒，有时候，宴会主人怕他们出事，便劝解他们少饮为宜，但这些绅士不以为意，不喝到天旋地转，他们是不会收手的，有一次，威灵顿醉酒之后，整整头痛了两天。

放松了一段时间之后，威灵顿继续忙于正业，除了军务，他还阅读书籍，了解印度的经济情况。威灵顿的知识储备更加丰富了，随后，他在殖民地进行了一次短途的考察，对地区的政治深入了解了一番。

1798年5月1日，威灵顿返回加尔各答，这一天，他的哥哥理查德来接任印度总督，殖民地政府照例要举行新任长官的登岸仪式，整个仪式简短而又不失庄重。威灵顿对于哥哥的到来十分兴奋，他还看到了最小的弟弟亨利，亨利也长大成人了，此时来印度，是以总督私人秘书的身份履行他的职责。

为了显示自己的显赫地位，理查德带了大量的私人物品，报纸评论对此进行了揶揄，说如果总督大人的船在海上遭遇敌人，炮火的轰击之下，那么至少要有几千英镑的财物变成泡影了。

理查德顺利入住总督府，早年在国内，他还可以向别人求情，为威灵顿谋个什么差事。如今，他既然掌管这一片土地，便会以秉公做事为基本原则，做一个罗马式的严厉家长。但是，这也并不是说他什么都放手不管，一直以来，理查德在某种程度上是威灵顿的事业设计师。

理查德在本质上是一个好战分子，自从到任之后，他就筹划对迈索尔的用兵方略，希望能扩大英国在印度的殖民地范围。当时的总督府并没有一个完整的军事机构，理查德决定亲自组建，他让威灵顿来担任军事参谋，因为威灵顿具备实战经验，所以这样的任命是合情合理的。

2. 攻打迈索尔

迈索尔是印度南部的一个邦国，从1767年至1792年，英国已经先后发动了三次对迈索尔的侵略战争，迈索尔被迫让出了大片领土，并支付巨额赔款。虽然损失惨重，但迈索尔依然保持着独立，迈索尔的统治者蒂普苏丹对英国殖民者怀有很深的仇恨，他不甘心忍受这种屈辱。

虽然身处逆境，但蒂普苏丹并没有坐以待毙，而是尽最大能力重新积蓄力量，希望能有报仇雪恨的那一天。他开始增建王城的炮台，招募并训练步兵，补充马匹，加强骑兵，对于蠢蠢欲动的部族予以严惩。同时，他鼓励百姓农耕，通过这一系列的举措，迈索尔的整体实力恢复得很快。

作为一个很有头脑的外交家，蒂普苏丹一直致力于与法国结为同盟，这样可以共同打击英国人。此外，他还派人赶赴各个国家地区招募志愿者，力图将一切可以团结的力量，都聚集在自己的王旗之下。

法国大革命之后，法国在印度的影响力和势力得到了很大程度上的恢复，法国人希望能够连结所有的反英邦国，待时机成熟时，一举把英国人彻底赶出印度。拿破仑接见了蒂普苏丹派遣的特使，并口头答应将率领大军开赴印度。

斩断法国的势力扩展，也是总督理查德的一项重要使命。在战争的阴影下，一些邦国纷纷投向英国，理查德明白，蒂普苏丹是绝不会来投诚的，他下定决心要用武力解决。

同年8月，威灵顿在哥哥的授命之下，乘船前往马德拉斯。这是一次糟糕的出行，船刚离开加尔各答港，就触碰了礁石，船身被撞出了一个洞。船修好后继续开拔，在补充淡水时因为卫生情况恶劣，引发了痢疾。威灵顿也没有幸免，饱受折磨。船上还有十多个人因为痢疾而死去。

经历了二十多天的航程，总算磕磕绊绊地到了马德拉斯。但是，威灵顿的气还没有消，他大骂军需供应部门的人是白痴，竟然连饮用水是否变质都分不清，直到一个月后，他还时不时地发出警告，要投诉那些人。当然，随着战情紧迫，这件事还是被放到了一边。

在马德拉斯，威灵顿戴上了黑色的平顶帽，还留了胡须，看起来老成持重。他的任务有好几样，一是传达理查德的战略意图，二是对前线的军官做出评价，向加尔各答方面报告，三是严厉督促各种军需一定要到位。此外，还有一项极为重要的核心任务，就是说服马德拉斯总督克莱夫男爵同意作战计划，并能够积极配合。

在人们的印象里，克莱夫男爵是一个呆板而又慢悠悠的人，对于一些大胆的构想，他总是习惯性地泼冷水，似乎他天生就喜欢这么做。雷厉风行的理查德是看不惯克莱夫男爵的，他曾经愤怒地说道：“是谁把克莱夫推到那个位子上的？他究竟有什么本事？”

威灵顿自然也听闻过克莱夫男爵的逸事，不过他心里在琢磨，克莱夫男爵是不是真的像外表所表现出的那样呆板？或许他的头脑也是在快速地思索着。抱着这样的疑问，威灵顿走进了男爵的府邸。克莱夫男爵的语调非常缓慢，威灵顿也显得很有耐心，并不急于求成，两个人都在给对方足够的时间，来消化从对方那里得到的信息。

有一小段时间里，克莱夫男爵表现出了对作战计划的些许反感，威灵顿虽然担忧，但始终表现得镇静而又得体。最后，威灵顿终于把克莱夫男爵说动了，这也是他的第一次“外交胜利”。理查德非常高兴，夸赞这个弟弟是一个很有头脑的人。

这时候，一条法国人的船抵达了迈索尔，虽然只来了十几个人，但这却是一个危险的信号，理查德对此十分关注，他在备忘录中写道：“迈索尔使臣的行为是经过了蒂普苏丹的批准的，现在，法国人又在他的领地上登陆，这意味着公开而又毫无掩饰的宣战……目的是摧毁在印度的英国政府。如果对这样的挑衅和危急的情势还抱有幻想，那只能说是太软弱了。”

除了积极备战，英国人还恢复了1790年的"三角同盟"，即英国人、尼扎姆人、马拉塔人的同盟。英军动员的总兵力近三万人，其中骑兵一万，由不同种族的士兵混编而成。四个尼扎姆营，全部是亡命徒，作战凶狠。东印度公司的六个英印混成营，装备精良而训练有素。另外，必不可少的是第33团。

这是一支令人心生畏惧的军队，威灵顿显露出了残酷的一面，他在给理查德的报告中说："为蒂普苏丹已经备好了天罗地网，这只野兽在劫难逃了。"英军开到边境线上，并向蒂普苏丹发出最后通牒，要求迈索尔立即与法国断绝关系，并确立英国对迈索尔的保护。

此时，与法国联系密切的海德拉马邦投向了英国人一边，拿破仑大军在埃及遭遇严重挫折，拿破仑本人也狼狈不堪，根本不可能对迈索尔实施大规模支援。这样，蒂普苏丹处于孤立无援的境地，但是，他仍然严词拒绝了英国殖民地当局的无理要求，并整军备战。

1799年3月，英军兵分两路，凭借着兵力和武器装备的绝对优势，向迈索尔腹地推进。东路两万余人，由马德拉斯司令哈里斯指挥。西路六千四百多人，由威灵顿指挥，其中有他的老部下第33团。

3月5日，蒂普苏丹统率一万两千人迎战西路军，威灵顿以第33团为骨干，成功地击退了迈索尔军队，蒂普苏丹被迫退守塞林伽巴丹。威灵顿情绪高涨地说道："在这里，我们拥有一支凶猛顽强的部队，给养和弹药都十分充足。过不了多久，我们就会成为这片土地的主人。"哈里斯的东路军长驱直入，向迈索尔的王城塞林伽巴丹进发。

进入了4月，迈索尔的炎热让部队很不适应，加上饮用水不干净，许多官兵得了痢疾，威灵顿也患了痢疾。在给兄长理查德的信中，他说："虽然受了不少折磨，但我还没有趴下。现在已经好转，估计再过几天就会痊愈。"

在这样的时候，威灵顿表现出了作为一位指挥官的坚毅和责任。通往塞林伽巴丹的道路地形复杂，而且还有迈索尔军队的阻击。就在给哥哥写信的同一天晚上，尽管身体不适，威灵顿仍然亲自带领一小队人马外出侦察。

他们摸黑进入了一片小树林，突然，埋伏在那里的迈索尔士兵一齐开火，英军的队形立即混乱起来，震耳的枪炮声和惨叫声又加剧了这种混乱。一颗子弹击中了威灵顿的膝盖，幸好这颗子弹是从很远的地方飞来的，只是伤到了皮肉，没有伤到骨头。

许多士兵都成了俘虏，面对狼藉的现状，威灵顿只好落荒而逃，一口气跑回了后方的营地。此时刚过午夜，简单地包扎了一下伤口，威灵顿趴在桌子上沉沉地睡了去。第二天早晨，威灵顿的精神和体力有所恢复，他重新调整部署，指挥部队彻底扫荡了那片小树林。

夜里的那场遭遇战让威灵顿尝到了失败的滋味，也让他在这种磨砺中得到了成长。经历了一次又一次的实战，威灵顿逐步具备了冷酷的自制力，哪怕面对的是血流成河的情景，他也能够泰然处之。战争如同一门课程，在未来的岁月里，把他变成了一个坚定的将军。

4月14日，威灵顿的西路军与哈里斯的东路军会师于塞林伽巴丹城下，蒂普苏丹出城迎战，希望一举击溃英军，但由于实力悬殊，未能奏效。塞林伽巴丹被团团包围，攻防战开始了。英军开始掘壕沟，一步一步地压缩包围圈，英军的炮火日以继夜地对城内进行轰击。

5月2日，英军对塞林伽巴丹发起猛攻，虽然没有攻入城内，但威灵顿的部队成功地扫平了外围阵地。5月4日，英军突击队四千多人实施重点强攻，在城墙处打开了一个缺口，并攻入城内。迈索尔士兵拼死抵抗，蒂普苏丹亲自上阵，身受重伤，最后，他筋疲力竭地倒在地上，一个冲上来的英军士兵给了蒂普苏丹致命一击。

市街上的战斗仍然在继续，直到黄昏时分。当天晚上，大洗劫开始了，所有的人家都被抢掠一空，连最普通的士兵手里都抢到了宝石、黄金、银块，从迈索尔宫廷里抢掠的财物总价值达一千二百万金卢比。

深夜，威灵顿带人在火炬的照耀下，在成千上万的尸首中寻找蒂普苏丹的尸体，以便确认这个英国殖民者的头号死敌是不是真的战死了。一个名叫大卫的军官最先找到了蒂普苏丹的尸体，威灵顿得意洋洋，这也意味着，经历了四次英迈之战，迈索尔终于被消灭了。对于蒂普苏丹的家属，英国人先是将其囚禁，随后放逐到偏远地区。

3. 塞林伽巴丹的司令官

大破坏之后需要重新恢复秩序，因为这里已经成为了英国的殖民地，首先要任命一个合适的人担任塞林伽巴丹司令官。英军的贝尔德将军暂时代理这个职务，他特别渴望得到正式任命，贝尔德擅长作战，在攻城时，就是他挥舞军刀，带领突击队冲入城中，但他没有什么才华，缺乏管理技能，并不适合这个职位。最后，哈里斯任命威灵顿为塞林伽巴丹司令官。

一天早晨，贝尔德正和几个军事参谋吃早饭，威灵顿来拜访了。

"贝尔德将军，哈里斯将军命我来接管塞林伽巴丹。"

贝尔德的脸色十分不悦，他回头对参谋人员说："先生们，我们撤吧，这里没我们什么事了！"

威灵顿心平气和地说道："不急，你们吃完早饭吧。"

此后，贝尔德数次给哈里斯将军写信，抗议这项任命，但哈里斯将军没有更改命令的打算。威灵顿这一次得到青睐，完全是凭借自己的能力与威信，与他的哥哥理查德没有关系。

可以说，在一片混乱之中，威灵顿就职了。士兵还在进行零星的抢劫，威灵顿派出宪兵，对违纪士兵予以逮捕，情节轻者处以鞭刑，情节重者处以绞刑。有四名罪犯被绞死，这样的震慑使部队恢复了秩序，也让惊恐万状的民众安稳下来。威灵顿宣称自己一定会承担起保护迈索尔臣民的责任，他不仅要赢得民众的信心，还要全力以赴处理各类社会问题。

在威灵顿认真的监督之下，塞林伽巴丹逐渐恢复平静，但城外的山林地区还没有安稳，反英的迈索尔游击队以那里为活动区域，不断地对英军的巡逻小队进行袭击。因此，在1799年的下半年里，英军一直在努力清剿这些残余武装。用正规作战方式去对付丛林游击战是不可能有效果的，为此，威灵顿制定出了有针对性的作战技巧。

威灵顿把参与围剿的部队分成几个纵队，向他们各自下达清晰的作战命令，并让各个纵队依照命令实现既定的目标。此外，威灵顿还经常亲临战地，巡视边防哨所，让当地的土著居民对英军产生敬畏之心，这样，抵抗武装便很难再从当地民众那里获得支援，只能处于被动挨打的境地。

因为在印度获得的巨大成就，理查德被封为侯爵，这一直是他梦寐以求的。威灵顿虽然建立功勋，还担任了塞林伽巴丹的司令，但是他的军衔仍然是上校。理查德对此十分不满，弟弟在晋升道路上的任何阻碍，理查德都觉得那是对自己尊严的蔑视。理查德确信，有一些暗地里的阴谋家，他们故意不给威灵顿晋军衔，目的是让自己难堪。

1800年初，威灵顿发布了一份征集公牛和完善道路的命令，这是为即将开始的远征做准备。杜恩迪亚部众一直盘踞在北部边陲，对英国人是一个很大的威胁。杜恩迪亚自称为"两个世界之王"，所部全是轻装骑兵，来去如风，被称为"鬼魅部队"。这一回，威灵顿决心动用武力彻底消除后顾之忧。

5月，威灵顿率四个团的兵力从塞林伽巴丹出发了。到了6月，部队已经行进了二百四十多公里，深入了北部地区，但是，河水的涨落都对英军不利。到了7月，英军终于扫清了障碍，准备围歼杜恩迪亚，就在最后的收拢阶段，杜恩迪亚利用对河流地理的熟悉，率部狡猾逃脱。

此后，英军一直在追击。8月，在海德拉马的东部，威灵顿终于包围了杜恩迪亚，并一步步收紧罗网。杜恩迪亚不甘心失败，仍然在挣扎，甚至向英军实施反击。9月的一天，决战的日子到了，在威灵顿的身后，四个团的官兵排成一条线。威灵顿率领骑兵展开猛烈的冲锋，彻底打垮了"鬼魅部队"。

胜利的喜讯让理查德十分高兴，他宣称："这次成功的行动充分表明，我们不仅能够摧毁重装部队和攻城掠地，也能够搜索快速移动的轻装部队，并将其合围歼灭。"

1800年的6月，发生了马伦哥会战，拿破仑让奥地利人吃尽了苦头。因此，这一年的下半年，英国在锡兰（斯里兰卡）集中兵力，准备对法国采取军事行动。威灵顿受命前往锡兰，负责整训这支部队。年底的时候，威灵顿来到了锡兰的亭可马里，立即投身于各种事务之中。

1801年初，英国政府正式下达了命令，在锡兰集结的部队先跨过印度洋，再穿越阿拉伯红海，最后在埃及的海岸登陆。登陆之后，远征军还要越过沙漠，到达埃及的北方，他们的作战目标是法军在埃及的留守部队。

让威灵顿大动肝火的是，他被任命给贝尔德将军当副手，这几乎是无法忍受的，相比之下，威灵顿更愿意呆在印度的任何一个地方。3月份的时候，战报传来，阿伯克龙比将军已经进军埃及了。如果在印度洋待命的部队还想有所作为，就必须立即起锚扬帆。

辉煌的图景似乎触手可及，威灵顿的心意也转变了，在给弟弟亨利的信中，他说："以往，我在信中发了很多牢骚。但是现在，我觉得在非常重要的时刻，任何有责任感的人都应该把个人的考虑和喜好放在一边。"这表明，威灵顿愿意与贝尔德一起共事了，他打算立即率队出航，直达埃及。

可惜威灵顿并没有如愿，他突然病倒了，被迫停留在孟买，目送贝尔德的船队起航。威灵顿患的是猩红热，经过了高烧的折磨，他又染上了马拉巴尔瘙痒症，治疗方法也令人生畏，就是用泡硝石浴来治疗。

那一年的夏天，威灵顿康复之后，回到了迈索尔。威灵顿纵马在田野里飞奔，许多随从都被甩在了后面，一个年轻的上尉骑马紧紧跟随，威灵顿兴致极好，他和那个上尉开玩笑说："如果我们成了俘虏，我会因为是总督的弟弟而被绞死，你是我的同伴，也会被吊死。"

在去塞林伽巴丹的路途中，有消息说一批上校晋升为少将了，威灵顿觉得自己是大有希望的，他找来了一份晋升名单，前前后后看了一遍，也没有自己的名字在上面。威灵顿无奈而又自嘲地对随从说道："升为少将成为了我最大的心愿。"朋友们都宽慰他说，荣华富贵不久就会来到他身边。

作为塞林伽巴丹的军政长官，威灵顿的施政十分得体，业余生活也很惬意，和朋友们相处融洽。每天上午10点之前，是守备部队操练的时间，威灵顿照例对其进行检阅。从上午10点到下午4点，这是威灵顿的办公时间，很大程度上，他处理的都是贪污或者盗用军需物资的案件。4点过后，就是愉快的休闲时光，威灵顿经常是吃着羊肉，喝着红酒，与朋友们纵情谈笑。

1802年初，一个酋长在西部发动起义，威灵顿率军平叛。在具有决定性的布鲁姆战役中，威灵顿的"分进合围"战术得到了完美的实践，起义的酋长被活捉，并被吊死在绞架上。这次作战行动前后只用了三个星期，堪称干净利落。这一年的4月29日，威灵顿被晋封为少将，虽然来得晚了一些，总算夙愿达成。

年轻的将军凯旋，稍作休整，他又投入了另一场军事准备当中。针对马拉塔人的作战即将展开，威灵顿在前一年就拟定了一份作战计划，所以对接到的命令并不感到惊讶。威灵顿把精力都投入到公牛和大米上面。他深知，与马拉塔人作战的关键在于物资供应，如果物资供应绵绵不绝，即使打上个一年半载，英军也一定会赢得胜利。

在迈索尔的北部，威灵顿建立了物资补给站，这里靠近马拉塔，通过这样的设置，原本的物资供应线被缩短了几百英里，提供了及时而可靠的后勤保障。1803年2月，威灵顿率军出发了，3月的时候，英军进入马拉塔领地，战斗进行得非常顺利，完成第一阶段的战斗任务后，双方开始谈判。

整个夏季，威灵顿一直陷于和马拉塔人的谈判之中，这是一项并不轻松的任务，虽然威灵顿希望谈判能够给双方带来和平，但是双方的分歧太大，再起兵戈只是时间早晚的事情。威灵顿没有向马拉塔人发出最后通牒，因为一旦和平无望，最后通牒只会让敌方做好充分准备，威灵顿觉得如果有必要进攻，那就尽可能做到先发制人，打对方一个措手不及。

　　8月的一天，战斗再次打响，威灵顿率军攻陷了艾哈麦德马格，这次行动异常迅速，以至于当地人这样形容道："英国人真是令人惊讶，他们的将军更是不得了！早上，他们来到这里沿着城墙转了一圈，把守军全部干掉，然后回去吃早饭了。"

　　威灵顿并不指望靠一次大的会战全歼敌军，他要自己的部队像铁碾一样，逼迫敌军移动并拖垮他们，最后就可以轻松地收网了。在这样的指导方针下，威灵顿全军继续北上，渡过了洪水泛滥的谷达沃瑞河，随后向东，然后又向北，在阿萨耶这个地方，英军与敌军的主力部队遭遇了。

　　在此之前，由于情报不准确，威灵顿判断敌军的大致人数是一万左右，所以，在随后的搜索追击任务中，威灵顿把部队一分为二，他率领一路，另一路由别的军官带领，两路人马沿各自的线路前进。

　　9月23日那天早晨，威灵顿率领七千人已经行军三十多公里，在两条河流的交叉地带，他与敌军遭遇了，对方是整整四万人。情势危急，威灵顿明白，这个时候只能示强，不能示弱，他让部队背水列阵，就在马拉塔人准备第一次攻击的时候，威灵顿命令全体冲锋。

　　这场战斗根本谈不上战术和技巧，完全是勇气的搏杀。威灵顿的坐骑先后死了两匹，由此就可以看出战斗的惨烈。拥有绝对优势的马拉塔人被打垮了，英军还缴获了几十门大炮，但是，英军付出的代价也很惨重。威灵顿虽然没有受伤，却已是精疲力竭，当天晚上，在躺了满地的伤兵中间，威灵顿把头放在两个膝盖上，一动也不动。

随着时间的推移，部队开始慢慢恢复元气，威灵顿到每一个帐篷里查看伤员，就把自己的葡萄酒分给他们喝。在此后的两个月里，谈判和战斗交错进行，在11月29日，威灵顿再次率军击败了马拉塔人，随后，英军在一天的时间里奔袭九十多公里，实施两面夹击，攻下了盖威尔格要塞，这标志着对马拉塔人的战争已经取得全面而彻底的胜利。

1803年的年底，马拉塔与英国缔结了两项和约，一向积极进取的理查德也心满意足，称这是一个光辉的时刻。1804年来到了，在经历了休养和一次小规模的战斗后，威灵顿回到了孟买。对于这位年轻英雄的归来，处处都报以欢呼声和鲜花，他骑马穿行在人头涌动的街道，向人们点头致意，还镇定地致答词。

威灵顿不仅有时间好好休闲一下，也可以好好地购买自己喜欢的东西了。在孟买，他买了精美的马鞍、皮带和军刀，吃的方面，他买了约克火腿、英国奶酪，还有白色燕麦。

另外，从来到东方的时候起，威灵顿养成了良好的阅读习惯。以前带的书都读得差不多了，这一回，威灵顿买了很多书，他对戏剧很有兴趣，买了莎士比亚的剧作集，此外，关于历史、时事、军事等方面的书，威灵顿也买了很多。

1804年9月1日，威灵顿被封为巴斯骑士。政府公报被刊印在报纸上，一艘从英国开来的船带来了这个消息，所以，威灵顿在几个月后才得知自己的这个封号。他没有表现的太喜悦，因为此时他正在考虑何时辞职，离开印度，回到英格兰去。

关于离开的缘由，威灵顿曾在信中说："我没有打算在这里度过一生，无论在什么情况下，我都不必比总督（理查德）留在印度的时间更长。"这样的理由说得过于含糊，实际上，是因为威灵顿在印度的成就已经达到最高，不可能再有什么突破了，所以，威灵顿打算在1805年初提出辞呈，前提是迈索尔的政务可以平稳地交接。

在得到了哥哥理查德的理解之后，威灵顿向直属上级递交了辞呈，他随即告诉马德拉斯港的船务官员，自己对回国的船没有什么特别要求，价钱方面也无关大碍，如果做得到，最好给他预留一间侧房或者一间右舷的舱房。

威灵顿归心似箭，但是一些琐碎的事情迫使他推迟了行程，等到一切都忙碌完后，部下的军官们开了一场宴会，为这位卓越的老长官饯行。宴会氛围非常融洽，每个人都向威灵顿表达了诚挚的祝福。

在登船前，威灵顿又购买了很多东西，其中有十双女鞋，是打算回国后赠给女士们的礼物。他还买了许多旅行读物，相比之前过于严肃的书，这次他买的书都是轻松的读物，仅小说就买了二十六本。

第三章　回到国内

1. 与杰出人士的会面

1805年3月10日，威灵顿登上了马德拉斯港的一艘快船，离开了居住了八年的东方土地。八年的时间，从二十八岁到三十六岁，从上校到少将，威灵顿感慨之余，也想起了凯瑟琳·基蒂·帕克南，她是否如以前一样美丽动人呢？如今，自己虽然还算不上大人物，却也是衣锦还乡，再次求婚，她还会拒绝吗？

6月中旬，返程的船到达了圣赫勒拿岛，并作停留。圣赫勒拿岛是南大西洋的一座火山岛，1502年，葡萄牙人到了这里。1513年起，这座海岛先后被葡萄牙、荷兰占据。1659年，英国东印度公司占据了这里，圣赫勒拿岛成为英国本土与英国殖民地海路往返的一个中转站。许多年后，这里又因为是拿破仑的流放地而天下闻名。

威灵顿上岛之后，发现景色非常美丽，而且气候宜人。常年的征战，使得威灵顿患上了风湿，现在，他终于可以在舒适的环境里好好休息一下了。他住在岛上一个叫石楠树的地方，那里位于幽深的峡谷。威灵顿住了半个多月，其间参加了一次宗教仪式，还拜访了当地的长官。

7月，威灵顿再次启程，每天除了在甲板上散步和读小说，他还思考着印度的灾荒情况，在舱室里，威灵顿洋洋洒洒地写了一份关于印度农业灌溉的报告。9月10日，船只靠岸，威灵顿踏上了阔别数年的英格兰土地。他立即去了伦敦，他最先要做的事情就是会见政府的那些部长高官们，为哥哥理查德谋取利益，当然，同时也是为自己铺平道路。

当时，英国"战争和殖民地部"的部长是卡斯尔雷侯爵，他是威灵顿首要的拜访对象。卡斯尔雷的办公室位于唐宁街，一天上午，威灵顿去拜访，卡斯尔雷正在忙碌，威灵顿就到接待室里等待。在那里，威灵顿偶遇了一个眼神忧郁的小个子男人，他一眼就认出，这个小个子就是英国海军上将霍雷修·纳尔逊。

纳尔逊从没有见过威灵顿，也不知道他的身份，以为他只是一个贵族公子哥，所以就主动攀谈起来。纳尔逊一直在说自己，而且多是些自吹自擂的话，这让威灵顿感到十分厌烦，却又不得不保持礼貌。过了一会儿，纳尔逊察觉出了不对劲，便寻个借口离开房间。

在接待室外，碰巧有一个人向纳尔逊介绍了威灵顿的身份，以及他在印度的征战事迹。等到纳尔逊再次回到接待室中，他的谈吐发生了一百八十度大转弯，像一个将军和政治家一样，纳尔逊说到了国家现状，以及各种事务。威灵顿惊讶于纳尔逊的博闻和睿智，相比于刚才，这样的谈话才更让人舒服，也更容易让人接受。

两个人的谈话持续了近一个小时，这也是两位名将的最后一次也是唯一的一次会面。10月21日，在特拉法尔加角外的海面上，纳尔逊统率的英国皇家舰队，与维尔纳夫统率的法国西班牙联合舰队遭遇，这是关乎双方命运的大决战，激烈的战斗整整持续了一天。

法西联合舰队由于指挥失误，几乎全军覆没，维尔纳夫当了俘虏。在双方军舰的近战中，一个法国的狙击兵一枪击中了纳尔逊，子弹打穿了他的左肺，又射入脊椎。

当胜利的消息传到纳尔逊的耳朵里时，他已经奄奄一息了，他要随从剪下他的一缕头发，连同订婚戒指一起交给未婚妻爱玛，随后，这位海军名将闭上了双眼。这场海战使得法国海军元气大伤，此后一蹶不振，拿破仑进攻英国本土的计划被迫搁浅，英国海上霸主的地位得到了很大程度的加强。

威灵顿通过与卡斯尔雷的沟通，使得卡斯尔雷对印度的看法得到了很大的改变，这样，哥哥理查德在印度的工作就更好做了。另外，威灵顿还拜见了首相皮特，两个人不是在办公室里会面的，而是舒舒服服地骑在马上，沿着长长的道路缓缓前行，交换着各自对印度事务的看法。

英国的政治党派林立，威灵顿在与他们接触之中，发现他们都在拉拢和培植自己方面的势力。威灵顿深思熟虑之后，给理查德写信，建议他静观其变，在政治斗争里保持中立，这样就可以进退自如。

这一年的秋天，威灵顿住在切所赫斯特的一所房子里，有一天，首相和部长们与威灵顿聚在一处，商量着如何对法国人用兵。皮特的战略是不与法军正面决战，而是向欧洲不同的地区派遣军队，在形势上压迫法国，同时，动员普鲁士军队在法国后方实施攻击。

威灵顿十分冷静，他明确地指出，短时间内，普鲁士人是很难达成作战规模的，让他们在多瑙河一线布防也是不明智的。皮特首相在个性方面显得过于急切，每当他设计出一个看似正确的方案，他就觉得胸有成竹了，而对于这个方案如何去实施，皮特几乎没有具体考虑过。

12月2日，在奥斯特里茨这个小村，法国皇帝拿破仑统率七万多法军，与俄国沙皇亚历山大一世和奥地利皇帝弗朗西斯二世统率的八万多俄奥联军进行大规模的会战，拿破仑以卓越的军事指挥取得了辉煌的胜利，这场战役又被称为"三皇会战"。战役的结果影响巨大，第三次反法同盟因此瓦解，弗朗西斯二世被迫取消了自己神圣罗马帝国皇帝的封号。

反法同盟再次陷入颓势，英国作为反法同盟的中坚力量，不能不有所行动。一个军官提议，派遣一支部队到汉诺威去，英国政府接受了这个建议。远征部队很快集结完毕，但是行动目标尚不明确。12月的一天，威灵顿指挥一个旅乘船离开英国，航行了七天之后，他们在不莱梅登陆了。

威灵顿的部队在一片沙丘地带扎营，士兵对为什么来到这里不甚了解，威灵顿本人也在等待上头的指令，总之，这一次的军事行动有点愚蠢。这里属于北海东南部水域，年末的风暴让人沮丧，部队就在这种环境里度过了圣诞节。

2. 威灵顿成家了

1806年1月23日，皮特首相去世。随后没几天，威灵顿接到了开回英国的指令，部队在不莱梅一无所获，更像是一次可笑的生存体验。到了2月，威灵顿回到英格兰，他随即被调往黑斯廷斯，负责指挥那里的海岸警备部队。由于特拉法尔加角海战的惨败，拿破仑对英国进行登陆作战的计划只能停留于空想状态，所以，威灵顿并不感到紧迫，工作相对轻松。

此外，威灵顿的经济收入改善很多，他以第33团老长官的身份领着工资，同时他还是政府的军事参谋。许多年过去了，基蒂·帕克南还没有出嫁，此时的威灵顿已经算是一个大人物了，朗福德家族的人来打探威灵顿的口风，并告诉他十多年来，基蒂一直在等待他。

消息不胫而走，经过添油加醋，变成了一段浪漫的爱情神话，整个爱尔兰地区的太太小姐们都在疯传。最后,连国王和王后也给惊动了,他们对这段浪漫的感情十分赞许,要见一见故事的女主人公基蒂·帕克南。

基蒂来到了皇宫,这一年她已经三十三岁了,虽然少女时代的姿影随着岁月的流逝变得淡薄了,但是这位贵族小姐看起来依然可爱。王后微笑地注视着基蒂,开口说道:"你能来到宫里,真让人高兴。你是女人忠贞的榜样。在这个世界上,如果有人应该获得幸福,那么你就是其中之一。不过,我想知道,在他漂泊国外的时候,你从来都没有写信给他吗?"

基蒂略带羞涩地听着,然后回道:"王后殿下,我从来没有写信给他。"

"你经常想念他吗?"

"是的,王后殿下。"

这次召见之后,几乎社会的各个阶层都希望看到威灵顿和基蒂早日完婚。至于威灵顿呢,他心里还是有基蒂的,但是表面上并没有过度热情。在所有人都向自己表达祝福时,威灵顿离开军事驻地,前往爱尔兰向基蒂求婚,一切都像水到渠成一样。

威灵顿时隔多年,再次见到了基蒂,眼前的基蒂和留存在心里的影像不可避免地有了偏差,威灵顿曾经和身边的人悄悄地说道:"她没有以前漂亮了。"虽然威灵顿的感觉并不兴奋,但他还是与基蒂订下婚约,择日完婚。

4月10日,在都柏林锡尔街的圣乔治教堂,威灵顿和基蒂举行了婚礼。在整个都柏林,即使是与这对新人毫无往来的人,也像听到喜讯一样兴奋地传递着消息。之后的一个星期里,两个人在爱尔兰各地旅行,度过了新婚蜜月。

4月下旬,威灵顿独自乘船回到英格兰。之所以没和基蒂一起回来，是因为不想过分惹人注目，还有自从结婚以来，基蒂一直有些畏惧威灵顿，两个人的相处有些别扭，正好用这短暂的分离时间让基蒂冷静放松一下，等情绪调整好了，再让她的哥哥陪着她来英格兰。

威灵顿回到英格兰后不久，基蒂也来了。现在不是情意缠绵的时候，威灵顿开始了繁忙的工作，他要布置调整黑斯廷斯地区的海防，这占用了他的大部分时间，此外，他还要阅读文件和军事文献。这一年的夏天，威灵顿进入议会，他这样做并不是自己有政治野心，而是为了哥哥理查德。

理查德作为一个封疆大吏，刚刚完成他的使命回到英国，在政界还立足未稳，威灵顿进入议会是为了帮衬哥哥，在整个家族，理查德的声望被视为大家的主要财产。理查德多年来有一个对手，名叫波尔，这个人也已经进入议会，正在以各种手段中伤理查德。在当时英国的政界，弹劾是司空见惯的手段，如果波尔得手，理查德极有可能会吃大亏。

没过几天，波尔发起了对理查德的弹劾，会场一片沉静，最后只有一个人附议。威灵顿随后发表了演讲，言辞非常恳切，他希望议会尊重他的贵族亲属的感受，应当以公平公正的态度讨论本案。理查德的另一个弟弟威廉也动情地表达了同样的观点。

波尔依然负隅顽抗，他在辩论中声称，在许多时候，威灵顿由于不慎重，做了理查德的从犯。面对这种论调，威灵顿展开反击，他说："在很多需要做决定的时候，理查德确实是参与了，但是所有的一切用一句话来总结，就是他在奉命行事。关于这些方面的情况，以及所产生的结果，他会愿意向议会及所有的政府部门做出合理的说明。"

整个夏天，威灵顿作为理查德的首席辩护人，把大部分时间都

威灵顿公爵传

花在了议会上面，希望在辩论中与波尔一决高下。同时，威灵顿还要处理黑斯廷斯的军务。作为一名职业军人，威灵顿对议会的厌倦与日俱增，他在给一位朋友的信里说道："议会里玩的游戏，我觉得非常困难和别扭。仅就各政党的关系而言，现在正好处于特殊的时刻，我只能被迫地参与其中。"

威灵顿完全可以回到黑斯廷斯，训练他的部队，但是理查德的事情还没有转机，除了为理查德辩护，威灵顿和理查德还就议会问题通信讨论。所幸，没过多久，理查德的政治形势平稳了许多，这让家里人都松了一口气。此时，威灵顿的心思已经不在议会上面，这一年的战争图景十分辽阔，威灵顿盼望回到他能够大有所为的战场上。

英国政府的高官们开始谈论在美洲的用兵方案，威灵顿也参与其中。同时，他叮嘱哥哥理查德，报纸新闻行业发展迅速，公众舆论都在其引导之下，如果要公众接受某个政治家的主张，首先需要得到报纸编辑的支持，所以，平日里要多结交一些在新闻界工作的朋友。

当年10月，拿破仑在耶拿战役中击败了普鲁士军队，普鲁士军队伤亡四万多人，大炮和辎重全部损失，几乎处于全军覆灭的境地。刚刚发起的第四次反法同盟变得前景黯淡，为了扭转颓势，英军是一定要有所行动的。威灵顿知道，他的部队早晚要开赴战场，他本人更是跃跃欲试，在书信中，他说："如果别人都出国征战，而我还呆在家里，那实在让人抱憾。"

这一年的年末，威灵顿并没有接到率军出征的指令，相反，理查德的政敌波尔再次气势汹汹地攻击理查德，威灵顿不得不转过头来，为哥哥出谋划策。到了1807年初，威灵顿再次当选议员，为理查德东奔西走。这个时候，妻子基蒂已经有了八个多月的身孕，正在位于哈利街的住所静养。

2月3日，基蒂生下了一个男婴，这是威灵顿的长子，取名为阿瑟·理查德·韦尔斯利。除了忙于公务，威灵顿时常来看望妻儿。3月份，英国政府发生了重大变更，隶属于辉格党的高官们被国王解职，托利党登上了政治舞台，年过七旬的波特兰公爵担任首相。

威灵顿的身份也跟着发生了转变，他进入了内阁名单，成为主管爱尔兰事务的首席部长。威灵顿接受了这个职务，这也意味着他成为了托利党中的一员。同时，威灵顿也有自己的担心，他担心的是接受了政府职位，是否会使他就此脱离军事生涯。

为此，威灵顿专门询问了约克公爵，公爵让他放宽心，并告知他，一旦他被委派了军事任务，他可以放弃首席部长的职务。在部队办完了交接手续后，威灵顿收拾行装，前往爱尔兰履行职务。四月下旬，威灵顿到了都柏林。十年前的时候，他在这里做总督的副官，经常需要借钱。现在，他的军衔是少将，获封巴斯骑士，而且作为部长的年薪有六千多英镑。

整个夏天，威灵顿都在忙于处理各种公文，许多有联系的人给他写信，希望威灵顿能够利用手中的权力给大家谋求一份好处，威灵顿都委婉地拒绝了。6月下旬，威灵顿返回伦敦，妻子基蒂暂时留住在都柏林的凤凰公园，威灵顿回来后仍旧住在哈利街。理查德和波尔的缠斗还没有停息，威灵顿不得不抽出时间应对此事。

3. 远征哥本哈根

这一年的7月7日，在尼门河中央的一叶竹筏上，法国皇帝拿破仑与俄国沙皇亚历山大一世会面交谈，随后签订了"提尔西特条约"，该条约使法国获得了巨大利益，也标志着法国和俄国的关系得到了缓和，但是条约的极度不公平注定了这种缓和是暂时的。

英国政府正在商议用兵计划，目标不是法国，而是北欧的波罗的海，很快，内阁就决定远征丹麦，威灵顿的职业军人生涯又要开启了。他向上面提出了服役的请求，政府批准了，并让他指挥一个师，同时，他的爱尔兰事务首席部长的职位保持不变。

威灵顿兴奋异常，不论此次出征是战胜还是战败，在他看来是无所谓的，战场对于他来说是一个魂牵梦萦的地方，他只要能够如愿以偿，这就足够了。威灵顿在给朋友的信中说："如果我不担任军职，那对于我是极大的损失，这是任何别的职务都无法弥补的。让我放弃军职，这是不可能的事情。"

由于威灵顿此前一直在印度指挥作战，他并不属于英国近卫军系统，而近卫军对威灵顿这样的军官一向抱有偏见，所以给他派来了一个副手，名叫斯图尔德。此人很有头脑，并且威望也很高，有他在这支部队里任副指挥，近卫军的那些人可以放心了。

7月末，威灵顿和他的部队乘着"普罗米修斯号"战舰起航了。8月初的一个清晨，英军在丹麦的艾尔森诺附近登陆，这里距离丹麦的首都哥本哈根已经不远。整个登陆行动是由斯图尔德将军直接安排，一切都有条不紊，威灵顿没有提出任何异议，他对斯图尔德还很欣赏。

很快，英军将哥本哈根团团围住，但是，包围圈外面出现了一支丹麦军队，企图打破英军的封锁。威灵顿接到命令，要他指挥部队消灭这支敌军，威灵顿的计划非常简单，由他率军在正面攻击，再派一支部队绕到丹麦人后方，切断他们的退路。

斯图尔德想直接指挥，威灵顿对他说道："现在该轮到我登场了。"斯图尔德看到威灵顿的排兵布阵完全是行家作风，便不好再说什么。8月29日，在基厄尔这个地方，英军与丹麦军队遭遇，威灵顿发起攻击，士兵们情绪高涨，丹麦军队被打得七零八落。

本来，这可以是一场彻底的歼灭战，但是由于在追击的路上，一座桥坏了，影响了行军速度，再加上一支侧翼部队未能准时到达指定位置，致使一小部分丹麦士兵逃脱了。威灵顿对这个结果有些不满意，但是这次战斗打垮了增援的敌军，哥本哈根已经是孤城一座。

威灵顿的想法是对哥本哈根围困封锁，等到城内粮尽，丹麦军队自然会挂白旗。但是，英军高层可不喜欢这种无声无息的做法，于是，日以继夜的炮轰开始了。在炮轰哥本哈根的这段时间里，威灵顿在广阔的乡下游荡，以绅士风度对待所遇见的丹麦人。

威灵顿还要求在附近驻扎的英军部队不要侵扰当地百姓，为此，一个丹麦人特地来向威灵顿表达谢意。还有一件事，一个丹麦贵族小姐的房产被英军士兵毁坏，威灵顿得知后，向那位小姐道歉，并派人对她的房产进行了修复。那位小姐消气之后，为了表示善意，她邀请威灵顿到她的领地里打猎。

到了当年深秋，哥本哈根被英军攻陷了。接下来，就是与丹麦谈判具体的投降条件，威灵顿由于在基厄尔战役的战功，被任命为谈判的全权代表。随后不久，丹麦的海上力量也投降了。临近冬天，夜晚变得越来越漫长，威灵顿思乡心切，在得到上面的允许后，威灵顿登上了回家的船。

海上的航行一帆风顺，威灵顿在英国的亚茅斯上岸了，爱尔兰事务首席部长的工作还在等着他，威灵顿又回到了凤凰公园的寓所。行政工作比军事指挥更耗费威灵顿的精力，他要在税务方面花很多时间，还有教育和公共秩序，都需要威灵顿去忙碌。

至于欧洲的整个形势，第四次反法同盟瓦解了，鉴于英国强大的海上实力，拿破仑下令实行"大陆封锁政策"，禁止所有的英国船只在欧洲大陆的港口停靠。此时，许多欧洲国家都臣服于拿破仑，所以这项政策能够实行，唯一的漏洞在于葡萄牙王国还没有臣服，拿破仑随即向葡萄牙发出最后通牒。同时，法国的朱诺将军率军攻入葡萄牙。

11月30日，在英国皇家海军的保护下，葡萄牙王室成员逃亡巴西，朱诺将军不费吹灰之力，就占领了整个葡萄牙。这一局面令英国政府深感不安，担心法军以此为契机对爱尔兰进行突袭，但是威灵顿对形势表示乐观，他认为，如果法军真的突袭爱尔兰，首先情报上就面临困难，而且是孤悬海外，远离法国本土进行作战，他预见法军不会有如此疯狂愚蠢的举动。

这一年的圣诞节，威灵顿是在爱尔兰度过的，虽然政务繁忙，但他一直泰然自若，看不出有什么焦躁的情绪。1808年1月16日，威灵顿的第二个儿子查尔斯出生了，月底的时候，威灵顿回到了英格兰下议院，基蒂和孩子留在都柏林。此时，威灵顿的身体有些不好，他特意叮嘱人不要告诉基蒂，以免她担心。

3月，拿破仑又有了大规模的行动，以调解西班牙王室矛盾和保护西班牙领土为借口，法国元帅缪拉率领十万法军进入西班牙。西班牙王室自知无力对抗，便承认拿破仑的哥哥约瑟夫为西班牙国王，但是，法军的入侵行径激起了广大西班牙人的愤怒，马德里酝酿着一场风暴。

春季的伊比利亚半岛战云密布，威灵顿意识到，政府迟早会派军前赴那里与法军作战。为此，他向西班牙派遣了一个间谍，尽可能地搜集情报。4月25日，威灵顿被晋升为中将，他开始全力以赴准备着远征工作。

5月2日，西班牙首都马德里爆发了反抗法军的暴动，并蔓延至全国。法军虽然人数众多，但部队极为分散，同时，英国给予了西班牙抵抗者大量的物资援助，法军陷入疲惫不堪的境地。在贝伦这座城市，一支法军部队被西班牙游击队包围，随后缴械投降。消息一经传出，整个欧洲都一片惊讶之声，战斗力凶悍的法军竟然被非正规军打败了。

　　威灵顿得知了西班牙暴动的情报，立即意识到这是很好的机会，他写了一份报告，向政府部长们陈述了自己的意见，他说："这场危机可以使我们大有作为，让法国人陷在西班牙，使他们在土耳其的行动拖上几个月，或者让他们不得不从北方抽调军队。"

　　6月1日，威灵顿写了一份详细的行动计划构想，并把需要的物资总量进行了准确的估算。三天后，内阁开始讨论威灵顿的指挥权问题。在一切都还没有定下来的时候，威灵顿没有和妻子说起即将远征的事情。不过，基蒂似乎听到了什么小道消息，赶来伦敦与丈夫会合了。

　　6月14日，威灵顿的指挥权得到了确定，国王在给他的委任书上签了字。至于爱尔兰的事务，由政治家克拉克先生接手。拿到委任书的当天晚上，在位于哈利街的寓所里，威灵顿和基蒂还有到访的客人们一起用晚餐。

　　晚餐过后，威灵顿坐在一边，没有说话，仿佛若有所思。屋子里的气氛变得有些尴尬，最后，一个客人忍不住问威灵顿到底在想什么，威灵顿笑了一下，说道："我正在琢磨法国人，自从弗兰德战役之后，我就没再和他们打过交道。他们是战斗素质极好的军人，十二年来，拿破仑·波拿巴领导着他们不断地打胜仗，这使得他们越发厉害了。"

　　"很明显，法国人拥有了一套全新的战术，在这一点上，他们胜过了所有的欧洲军队，这就够我研究的。不过，法国人或许可以打败我，但我并不认为他们比我强很多。第一，别的人会对他们心生恐惧，但我不是这样。第二，如果他们的战术和我判断的一致的话，那他们就有漏洞。如果面对的是一支战斗意志顽强的部队，他们的战术作用有限。"

威灵顿最后说道："因为恐惧，欧洲的军队还没有开始战斗，就已经输给拿破仑一半了，但是，现在的我还没有怕他的理由。"说完这番话，威灵顿仍旧陷入沉思，在他的头脑里，英军步兵方阵与法军纵队的对决场面闪现出来。

6月下旬，威灵顿回到爱尔兰，做了工作交接。那天晚上，他拜访了利物浦伯爵，之后去看他的妹妹。在回英格兰的路上，威灵顿拜访了母亲的朋友们，那些生活优裕的太太们送给了威灵顿一本西班牙文的祈祷书，在扉页上还写了祝福的话。到了7月12日，海上刮起了顺风，威灵顿登上了"鳄鱼号"巡洋舰，向伊比利亚半岛方向驶去。

第四章　战争与风波

1. 维米耶罗战役

1808年7月21日，威灵顿到了西班牙的科鲁纳，他没有深入内地，也没有见到西班牙的高级军官，不过西班牙士兵高涨的士气给他留下了很深的印象。几天后，舰队驶离西班牙，转向葡萄牙。威灵顿在葡萄牙的波尔图上岸，作为一个指挥官，他想亲自看看这片陌生的土地。

相比于西班牙人，葡萄牙人显得热情不高，但也并不都是这样。威灵顿遇见了一个主教，谈话很融洽，主教感动之余，答应威灵顿如果部队选择登陆，他会尽自己能力送来五百匹骡子，供英军转运辎重。威灵顿随后回到军舰上，整个舰队沿海岸向南航行。

从英国本土传来的消息让威灵顿有些不痛快，近卫军高层一如既往地对威灵顿不信任，打算给他派上司。虽然内阁的部长们竭力支持威灵顿，但是近卫军高层指出，威灵顿还太年轻了。元老级人物约克公爵也反对让威灵顿担任战场总指挥，他的意见是让更有资历的人去打赢这一仗。

最后，国王也表示会尊重近卫军的意见，内阁的那些部长们只好屈服了。经过挑选，修·达尔林普尔和哈利·波拉德被确定为威灵顿的上司，两个人都是近卫军出身，而且资历深厚，达尔林普尔曾任直布罗陀总督，波拉德曾经镇压过美国的独立革命，与乔治·华盛顿交过手。不过，在上司们到来之前，威灵顿仍然是远征军的总指挥，这是他绝好的机会。

1808年8月1日，在葡萄牙的蒙迭戈河的入海口处，一支一万七千人的英军部队在威灵顿的指挥下开始登陆。海岸的波涛声如同雷鸣，一些沉船的残骸和尸体被冲到了岸边，所有的英军官兵表情严肃，他们面临的将是比以往更加残酷的恶战。

8月15日，英军在开赴里斯本的路上与法军遭遇，双方在奥比杜什附近展开混战，互有伤亡，不分胜败。法军随后撤退到罗里萨，并占据有利地形。8月17日，威灵顿对罗里萨的法军发动强攻。法军的指挥官是德拉伯尔德，他采用防守策略，将部队布置在一块地形复杂的高地上对抗英军。

威灵顿采用的是传统战术，兵分三路，中路进行牵制，两翼包抄法军。本来这场战斗应该进行得非常顺利，但是中路军官库克上校不听威灵顿的命令，在击退了法军的攻击后，率领中路贸然进行反击，结果伤亡了几百人，库克本人也阵亡了。

英军中路部队一时间里阵脚大乱，威灵顿冷静地命令士兵重新排好队形，当两翼部队成功包抄法军时，威灵顿命令三路一同发起攻击，法军抵挡不住，四散溃逃。

威灵顿的南下突击计划让法国人坐不住了，号称"风暴"的法国元帅朱诺在里斯本集结了一万三千人，像蜂群一样倾巢而出，向北方杀了过来。威灵顿将部队布置在维米耶罗的山地上，严阵以待。此时，从英国本土开来了两个旅的增援部队，哈利·波拉德将军也随队前来，他的职务比威灵顿要高，如果波拉德将军要亲自指挥，威灵顿只能给他当副手。

8月20日下午，威灵顿前往"黄铜号"军舰上与哈利·波拉德将军会面，在介绍完战场态势之后，威灵顿建议与法军正面对决，但是波拉德将军一向小心谨慎，他更倾向于防守政策。威灵顿希望波拉德将军能够登岸实地看一下，再做决定，但是波拉德将军当晚仍留在军舰上，威灵顿因为军情紧迫回到了指挥前线。

8月21日早晨，法军大举进攻，在炮火的掩护下，身穿白色军装的法军士兵组成密集的纵队，向山上仰攻。朱诺没有和威灵顿交过手，他也没有想到这位年轻的英国中将在战略指挥上比他高出一筹。为了减少在敌人炮火下的伤亡，威灵顿将步兵布置于山背，或者是洼地，这就是非常著名的"后坡战术"。

另外，为了达到最大的火力效果，威灵顿创造出了一种新式的步兵阵型，因为英军士兵的军装是鲜红色的，所以威灵顿给这种新阵型起了一个昵称"细红线"。在一百五十米的距离，五百名士兵可以在一分钟内齐射上千发子弹。至于武器装备方面，英军使用的布朗贝斯火枪略优于法军的1777式步枪，给优秀射手配备的是贝克枪。

总的来说，在步兵战术上，英军是高于法军的。烈日炎炎之下，法军纵队气势汹汹地前进着，山坡后面出现了两列长长的英军步兵线。法军根据以往的经验，以为对方也会集体冲下来，但是英军纹丝不动。一些奈不住性子的法军士兵开始胡乱射击，英军还在等待。

紧接着，法军开始快速冲锋，士兵们高喊着："上刺刀！冲上去！皇帝万岁！"距离三百米时，英军还是不动，仿佛一堵红色的墙。法军的阵型已经乱了，士兵们都兴奋地希望扑上去，与英军拼刺刀。

英军的排枪举起来了，等法军进入最有效的射程。随着一声令下，弹雨横飞，法军像割草一般地倒下，后面的士兵阵脚大乱，转头往山下逃。增援的法军纵队赶了过来，乱兵再次排好队列，重新进攻。英军在用刺刀进行追杀之后，仍旧排回原来的步兵线，仿佛什么也没发生过一样。

这样的过程重复了几次，法军终于崩溃了。威灵顿命令骑兵出击，他举起自己的三角帽，高声喊道："第20团！现在是收获的时候了！"此时，哈利·波拉德将军也赶到了这里，他是早晨听到了隆隆的炮声，快马加鞭赶到这里的。

威灵顿恳切地说道："波拉德将军，请您命令您的部队迅速出击，彻底肃清法国人后，我们可以在三天内就到达里斯本。"波拉德将军很是从容，他拿着望远镜观察着，最后，还是小心谨慎占据了他的头脑，他拒绝追击。威灵顿无可奈何，毕竟在名义上，波拉德将军是他的上司。

没过几天，一支英国舰队开了过来，另一个上司达尔林普尔来上任了，他的职位比波拉德将军还要高一些。威灵顿对此也不愿过分多想，唯一让他惋惜的是，本来应该是无比辉煌的胜利，显得如此美中不足。

不过，这场胜利并没有被浪费，法军统帅朱诺经过仔细思索，决定向英军投降。达尔林普尔接见了法军的代表团，谈判持续了七个小时，波拉德将军和威灵顿虽然也在现场，但是谈判都是由达尔林普尔一个人在谈。在双方达成的协议上，达尔林普尔命令威灵顿也签字。虽然自己和协议毫无关系，威灵顿还是服从命令了。

此外，达尔林普尔没有重用威灵顿的打算，在他看来，威灵顿的意见是他最不需要的东西。威灵顿在给朋友的信中写道："我对这里的一切已经厌倦，宁愿回到家里。"到了9月初，威灵顿下决心离开了，他宁可回到英格兰无所事事，也不想再和一群老迈昏庸的人混日子了。

2. 军事法庭的审判

10月4日，威灵顿在英国的普利茅斯港上岸了，回家的喜悦被民众的愤怒淹没了。达尔林普尔与法军签订的协议又被称为"辛特拉协定"，该条约允许剩余的法国部队撤出葡萄牙，英国民众得知后愤怒了，辉煌的胜利之下，竟然让敌人舒舒服服地回家了，简直令人无法忍受。

诗人沃兹沃斯一向是一个温和的人，得知辛特拉协定后，他写下了这样的句子："大不列颠是一头雄狮，现在却变成了受人任意驱使的牲畜，委曲求全之下，敌人消失得无影无踪……"

报纸上刊登了讽刺漫画，直指达尔林普尔、波拉德、威灵顿三个人，表现他们在恐惧面前瑟瑟发抖的神态。回到英国的威灵顿不得不面对这场风波，他没有害怕，镇定地回到了哈里街的住所。

在给哥哥理查德的信中，他说："今天我刚刚回来，我不知道面对我的是绞刑？淹死？五马分尸？还是活活烧死？无论是什么，我都不会让那些暴民侮辱我的尊严。我没有犯下什么错误，我问心无愧。"的确，辛特拉协定是达尔林普尔一个人主导的，威灵顿很不幸在某种程度上当了替罪羊。

不过，一家人还是为威灵顿的战功而欢欣鼓舞，以往，他们都把希望放在理查德身上，但是现在，威灵顿光彩照人，家人的视线都转向了他。妻子基蒂这样说道："报纸上的那些言辞算不得什么麻烦，作为一个军人的妻子，我不会让我的丈夫为我蒙羞，他是我生活里的骄傲。"

当年的"战争与殖民地部"部长卡斯尔雷当时正担任外交部长和下议院领袖，威灵顿稍作休整就去拜访了这位大臣，并推荐约翰·莫尔全权指挥伊比利亚半岛的英军，他还写信对莫尔说："我希望能够在您的指挥下为国效力。我想不久再回到科鲁纳，但愿能在那里见面。"

但是，威灵顿暂时是没有机会做别的事情，他需要面对眼前的风波。威灵顿想和卡尔斯雷一块乘车去觐见国王，但是卡尔斯雷变得犹犹豫豫，最后这位老大臣说道，公众的舆论满是敌意，现在去见国王恐怕不是时候，所以建议威灵顿不要去。

威灵顿还是去了，他认为自己的坦然是对国王的尊敬，如他所愿，国王接见了他，态度很亲切。威灵顿还在宫里的时候，碰巧请愿人士也要求见国王，要求调查辛特拉协定的相关方面，国王圆滑地把这些人挡了回去。但是，政府是必须给民众一个交待的，没过多久，政府组建了一个军事法庭，负责调查一切与辛特拉协定相关的情况。

法庭成员共有七人，三个上院议员，两个下院议员，一个男爵，还有戴维·邓达斯骑士。戴维已经五十九岁了，曾经参加过七年战争（1756—1763），在北美洲的战争中也是表现过人，此外，他本人还写作了大量的战术理论。至于其余的六位法庭成员，也都是久经沙场，所以，这个特别法庭的威信是无可指责的。

此时，修·达尔林普尔和哈利·波拉德都应召回国，接受军事法庭的调查。在伊比利亚半岛统率英军的是约翰·莫尔，英国远征军的总兵力达到三万五千人，还有十二万五千人的西班牙军队予以配合。拿破仑皇帝不能容忍有如此强大的抵抗力量的存在，于11月5

日亲率十五万余法军进入西班牙。

差不多在同一时间，在伦敦的切尔西军人医院的大会厅里，特别军事法庭开庭了，达尔林普尔、波拉德、威灵顿三个人坐在了被告席上。以戴维·邓达斯为首的七位审判员显得非常有耐心，他们阅读一沓沓的信件，然后又让一个文员一份份地宣读。

随后，各种书面陈诉被递交了上来，法庭还适当地传唤了证人。达尔林普尔一有机会就表达对威灵顿的不满，并说自己虽然在条约上签了字，但却不负什么主要责任。威灵顿在替自己辩护时说，自己原则上是同意法军撤出葡萄牙的，虽然在细节上觉得不妥，但这并不能成为拒签协定的理由。威灵顿的坦诚赢得了法官们的理解。

此外，威灵顿还在替波拉德将军辩解："我对波拉德将军不仅是出于私人上的关心，也因为我受到的待遇与那些为国效力的军官所受到的是息息相关的。每一个军官都有自己的军事判断，让他们因此而受到惩罚是不公正的。"

辛特拉协定完全是达尔林普尔一手操作的，所以威灵顿的辩护词都在围绕这一关键点展开。他说："关于各项措施，我都提出了意见，这是事实……但我不是谈判人……如果部队的司令官（达尔林普尔）命令我与法国人谈判，那么我才是谈判人，我会对协定负责，也对事情的结果负责……但是事实再清楚不过了，我在协定上的签字充其量是个过场。"

经过特别法庭不慌不忙地取证，一切都弄清楚了。为了做出最后的判决和集体签字，七名审判员先后开了五次碰头会。此时在遥远的伊比利亚半岛，拿破仑大军在大雪纷飞中攻进了马德里，约翰·莫尔率英军打算夺取利昂，但是被拿破仑看破了，英军被迫后撤,法军则穷追不舍。

特别军事法庭的最终判决出来了,整个文件写的很是用心,尽可能去照顾到每一个人的感受,同时还尽可能地不评判是非曲直。判决书上列举了很多事实,赞扬了威灵顿的功绩,在结尾处则含混地说进一步进行军事调查是没有必要的。

七位审判员的本意是大事化小,小事化无,但是关于辛特拉协定到底是对是错没有说明。约克公爵对此十分不满,在12月25日那天,公爵愤怒地表示辛特拉协定被忽略掉了。特别军事法庭不能装作不知,只能以投票的方式来解决了,最后,法庭以4:3的票数认定辛特拉协定是合法的,这表明对三位将军的指控就此撤销。

尽管民众的心里还是怨气难消,但事情毕竟尘埃落定了。诗人沃兹沃斯还在揪着此事不放,但是随着时间的推移,响应的声音越来越少。以擅长创作骑士小说而闻名的作家沃尔特·斯科特虽然也对辛特拉协定很反感,但他却十分欣赏威灵顿,而且了解有了上司,会让威灵顿很为难,所以斯科特希望威灵顿能够担任英军在伊比利亚半岛的真正统帅。

此时,在西班牙,法国元帅拉纳的第五军包围了萨拉戈萨,法军曾经在这座城市吃过大亏,此番卷土重来,就是为了一雪前耻。拉纳吸取了上一次久攻不克的教训,此次先是炮轰了一个多月,将该城几乎夷为平地,然后用掘壕的办法步步逼近。

1809年1月11日,法军突入该城,顽强的西班牙军民与法军展开巷战,每一间房屋都要反复争夺。拉纳改变策略,下令用地雷炸毁房屋,但是西班牙人依然奋战。

1月24日,拉纳元帅派出特使,告诉西班牙军民只要投降,就可以得到最体面的条件。萨拉戈萨守将帕拉福斯严词拒绝了法军的劝降。拿破仑得知了战况后，命令拉纳不惜一切代价拿下该城。1月27日，拉纳下令总攻。2月20日，由于实力悬殊，该城投降。

在此次萨拉戈萨攻防战中，西班牙军民战死六万余人，还有一万多人被俘，法军也付出了伤亡一万多人的沉重代价。拉纳事后对拿破仑说道："这场战争是恐怖的，胜利极其艰难。"他还感慨道："这究竟是场什么战争！为了头上的王冠，需要消灭如此坚毅的一个民族！"

在另一个战场上，拿破仑于1808年12月4日攻下了马德里。约翰·莫尔统率的英军一路向海岸撤退，途中破坏所有的桥梁，以阻挡法军的追击。到了1809年初，在取得一连串胜利的情形下，拿破仑突然决定回国，把追击英军的任务交给了尼古拉·苏尔特元帅，并下达命令："把英国人赶到海里去喂鱼！"

苏尔特元帅被拿破仑称为法兰西帝国第一指挥官，是拿破仑的坚定追随者。接到了皇帝的命令，苏尔特不敢怠慢，立即全力追击英军。1809年1月16日，在科鲁纳，苏尔特的法军和约翰·莫尔的英军遭遇，莫尔在战役中阵亡，但英军主力凭借海上优势，平安撤回到国内，苏尔特未能达到全歼英军的战略目标。

这段时间里，威灵顿回到了都柏林的办公室，再次处理起爱尔兰事务，但是威灵顿知道，这是暂时的，他早晚要回到部队里去。2月的时候，威灵顿和妻子基蒂离开都柏林，临走的时候举办了告别舞会，随后，夫妻俩回到英格兰。3月底的时候，威灵顿在下议院发表演讲，内容为运河对爱尔兰农业带来的好处。

此时，虽然西班牙的军队还在抵抗，但是法国的势力越来越大，进而威胁葡萄牙。自约翰·莫尔阵亡后，英国的远征军都在葡萄牙，指挥官是卡拉多克将军。政府成员们注意到了态势的发展，并因此形成了两种意见。卡斯尔雷倾向于威灵顿的建议，而且，卡斯尔雷的弟弟正在半岛上服役，他给哥哥写信说："上帝能否让威灵顿来当我们的领导？"

在内阁里面，卡尔斯雷占据了优势地位，随后，内阁提名由威灵顿担任驻葡萄牙英军的司令官。国王批准了，威灵顿得到正式任命。给妻子在英格兰安排好住处后，威灵顿前往朴茨茅斯港，等待风向合适的时候起航。

3. 重新登上伊比利亚半岛

4月的一天，船起航了，开出没多久就遇到了风暴，船长只好把船开到怀特岛避风。一天晚上，威灵顿在舱室里正准备就寝，他的副官走了进来，兴奋地说道："风暴快要停息了。"威灵顿听后从容不迫地说道："看样子我不用脱靴子了。"

船横渡了比斯开湾，威灵顿在加莱港登岸了，此时是4月中旬。在到达里斯本之后的几天时间里，威灵顿快速地制定出了作战计划。计划简单明了，由英军主力在葡萄牙北部攻击苏尔特的法军主力，再由英军的其余部队会同西班牙军队，攻击盘踞在西班牙中部的法军。

威灵顿的首要目标是法军在葡萄牙北部占据的波尔图，苏尔特在该城的布防极为严密，地理位置也是易守难攻，波尔图城西面是大西洋，南面是杜洛河。英法双方的兵力大致相当，苏尔特的大炮要多一些，威灵顿的优势是有葡萄牙军队予以配合。

苏尔特判断失误，他以为威灵顿会凭借海军的强大力量从西面进攻，因此派出侦察分队，在海边搜索英军舰队的影子。而对于南面的杜洛河，苏尔特事先命令士兵把所有的渡河工具都毁掉，此后便没有重视这里。威灵顿看出这是一个绝好的突破口，决定强渡，打苏尔特一个措手不及。

经过努力的准备工作，英军找到了四艘葡萄牙人藏起来的运酒船，同时，威灵顿惊喜地发现，苏尔特竟然没有在河岸边设置哨兵，这简直是天赐良机。5月12日早晨，威灵顿神情严肃，下达了渡河命令。四艘船来回往返，一批又一批的部队过了去。法军对这里毫无戒备，起初还以为是瑞士军队，等到发现是英军时，为时已晚。

威灵顿布置在河边的十八门大炮开始开火，掩护先头部队攻城。同时，威灵顿还命另一支部队在东面十多里的地方进行大迂回。法军斗志全无，当天就溃逃出波尔图，所有物资几乎全部丢掉。英军在后面紧追不舍，苏尔特的败兵逃了一个星期，一直逃出葡萄牙，到了西班牙的一个小镇才敢停下来休息。

波尔图这一战，英军仅伤亡了一百多人，威灵顿在此战中显示出了他可以快攻和突袭的一面，这是不同于以往的稳扎稳打的。虽然获得了全胜，但威灵顿依然耿耿于怀，他在给家人写的信中说："如果不是葡萄牙的部队养的都是一些白吃干饭的家伙，法国人会被紧紧地包围起来，一个都甭想逃出去。"

同年，法奥战争进行得如火如荼，拿破仑一路势如破竹，在不到一个月的时间里就攻陷了奥地利首都维也纳。国家危机时刻，奥军名将卡尔大公集结数万精锐，携带几百门大炮，从驻地开往维也纳，迎战拿破仑大军。

5月21日，双方在多瑙河畔进行大规模会战，史称"阿斯伯恩—埃斯林会战"。卡尔大公利用多瑙河涨水的有利时机，将通往埃斯林战场的巨大浮桥破坏了，法军一下子陷入了首尾不能相顾的境地。

那位曾经在西班牙萨拉戈萨大显身手的法军元帅拉纳此刻就处于奥军的包围圈中，面对奥军凶猛的围攻，身边的士兵成片倒下，拉纳元帅知道这一次真的完蛋了。在亲兵的舍命保护下，拉纳元帅终于冲了出去，但他身受重伤。在临终前的病榻上，他对拿破仑说了一番忠言的劝谏，几天后便死去了。

此次会战，法军损失四万余人，如果不是奥地利军队后备力量不足，没有能力进行大规模追击，拿破仑本人恐怕也难逃一劫。而在伊比利亚半岛方面，威灵顿的英军也让法军坐立不安。两条战线同时失利，这是拿破仑最不愿意看到的，也是他最不能容忍的。不过，拿破仑没有精力亲自前来，在伊比利亚半岛，他只能信赖他的几位元帅。

6月末，威灵顿率军离开驻地，于7月3日越过边境线，进入西班牙。西班牙的国王约瑟夫是拿破仑的哥哥，但是这个国王能控制的都是法军，所有的西班牙军队都在进行抗法运动。英军在普拉森西亚停留了十多天，打算与西班牙盟军会合，并商讨下一步的军事行动计划。

当威灵顿见到他的盟友时，他意识到指望西班牙军队给予坚定的配合是很不现实的。这支西班牙军队的指挥官是古斯塔将军，不久前的一次战斗中，古斯塔将军战败逃跑，结果被自己的骑兵给踩伤了，一直没恢复好，所以现在坐在马车上指挥军队。

在随后的会谈中，古斯塔的顽固、傲慢让威灵顿无可奈何，双方没达成什么有效的计划。此时，法军元帅克劳德·维克多正在塔拉维拉，等待着英西联军的到来。古斯塔要求威灵顿一起攻击法军，但当他们逼近时，法军开始后撤。古斯塔以为法军胆怯了，变得兴奋异常，命令手下的部队全速追赶。

威灵顿觉察到法军是在诱敌深入，便在塔拉维拉停了下来。至于古斯塔，威灵顿没办法命令他，只能由着他去了。西班牙军队冲动之余，一路狂追，结果撞上了法国儒尔当元帅的四万法军。古斯塔的部队斗志全无，于是又顺着原路往回逃，迫切地需要与威灵顿靠拢。

最后，西班牙军队总算活着回到了塔拉维拉，不过，他们的傲慢和顽固一点也没有改变，威灵顿几乎是在请求古斯塔能够听一点建议。法军越来越近了，古斯塔终于同意将手下人布置在塔拉维拉与山脉之间的平原上。不过，威灵顿明白，这些盟友是靠不住的，还是要靠英军自己。

7月27日，战斗打响了。西班牙军队除了不配合，还有一部分临阵逃跑，据说是被枪炮声吓跑的。英军虽然处于被动的态势，但威灵顿以良好的战术指挥不断地巩固着阵线，法军一波又一波的进攻都被瓦解了。接下来几天的进攻中，法军仍然没有取得什么进展，反倒损失不断增大，最后被迫撤退。

这次战斗，英军损失了五千多人，法军损失了七千人。威灵顿面对两倍于己的敌军，还能取得如此的战绩，已经算是尽善尽美了。随后，威灵顿接到情报，有一支法军正在向葡萄牙挺进，已经威胁到了英军的物资补给线。

在这样的情况下，威灵顿选择退军，为了不耽误行军速度，威灵顿把一些伤员托付给西班牙人照顾。但是，这些盟友们毫无信义可言，在法军的压迫下，西班牙人丢下英军伤员，自顾自地逃命去了。

法军志满意得，约瑟夫还吹嘘道："没有把英国人一网打尽真是令人遗憾。"接到战报的拿破仑也误以为法军大获全胜，在给法兰西帝国警务大臣富歇的信中，拿破仑说共毙俘英军一万四千余人，胜况空前。实际上，威灵顿此战的总兵力不过两万人，法军只是在自我陶醉罢了。

威灵顿一直撤退到了瓜迪亚纳河一线，不久后，他得知，古斯塔将军在连续不断的困境之下，患了中风。这是在威灵顿意料之中的，用他自己的话说，他再也不想和西班牙人有什么联合作战了。不过，威灵顿也有收获，鉴于他在塔拉维拉战役中的出色表现，英国下议院经过投票，决定给他每年两千英镑的薪水。

同年7月，法奥之间进行了第二次多瑙河谷会战，这一回，拿破仑取得了胜利，并迫使奥地利签订了停战协定。这样，拿破仑唯一还没有平息的就是伊比利亚半岛，英军成为法军的头号敌人。

威灵顿认为，法国控制的各个地方都很平静，只有伊比利亚半岛一直是一个火药桶。为了不开辟第二战场和两线作战，拿破仑最明智的办法是亲自率军扫平伊比利亚半岛，如果拿破仑能获得全胜，那么法国的霸主地位会更加稳固，没有哪个单独的国家能撼动它。

不过，就像威灵顿曾经在哈利街的家中说过的那样，他并不惧怕拿破仑，在给家人的信中，他保证自己能够守得住葡萄牙。这样惊人的信心不是每个将领都具备的。但是，拿破仑没有亲自征讨，或许是与奥地利的争斗消耗了他太多的精力，此刻他需要平和一些的生活。半岛的战事仍旧交给几位元帅，拿破仑则忙着与国内的各种势力联姻。

当年9月，在伦敦的一个叫帕特尼西斯的地方，发生了一场有名的决斗。对于增援部队到底是去荷兰还是去葡萄牙，坎宁和卡斯尔雷这两位大臣发生争执。卡斯尔雷一直是威灵顿事业的坚定支持者，他自然要求增援葡萄牙。

最后，坎宁和卡斯尔雷选择决斗的方式解决，9月21日，两个人进行了决斗。坎宁因为从没使用过手枪，所以把子弹射飞了，卡斯尔雷则一枪击中了坎宁的大腿，但不算什么大的创伤。过了几个月，英军在荷兰的驻军彻底失败，这样，葡萄牙的战事变成了首要目标，大臣们之间的争执总算告一段落。

11月19日，在塔马梅斯和奥康尼亚这两个地方，五万余人的西班牙军队被苏尔特元帅的法军穷追猛打，损失超过半数，这样一来，西班牙的整个南部毫无门户可言。总结起来就是从春天到深秋，西班牙军队吃了一连串的败仗，威灵顿得知后，略显刻薄地指出，西班牙军队不大像盟军，更像是给拿破仑帮忙的。

很明显，法国人即将出现在葡萄牙的土地上，威灵顿需要加快他的作战部署。他这样写道："如果葡萄牙人的部队能够发挥作用，那么我们就要坚守葡萄牙。这里地形开阔，每个地方都可以成为前线，要想阻止法国人的渗透，是很难办到的。"

"关键的问题在于我们自己的部署，首都里斯本是最重要的地方，我们一定要集中力量保卫。虽然这是有困难的，但是在首都与敌人放手一搏，胜利的希望也不是没有……在我下定最后决心之前，希望我手里能掌握更多的情报。"

以里斯本为关键点，威灵顿构筑了"托尔威德拉防线"，防线的西面是大海，南面是葡萄牙首都里斯本，东面是塔古斯河的入海口，防线的大后方，英军可以利用海上舰队进行补给，在物资运输这一点，威灵顿占尽了优势。总之，这是一条坚固而又实用的防线。

1810年，尽管拿破仑皇帝没有亲自前来，但是他还是对半岛战事给予了很大的关注，他委任安德列·马塞纳为此次会战的司令官。马塞纳出生于1758年，从小就是一个孤儿，曾经靠卖水果维持生计。大革命前，他还只是一个准尉。

这一年，马塞纳五十二岁，不久前被拿破仑封为埃斯林亲王，陆军元帅军衔。虽然他有一些沉湎于女色的毛病，但是能力超群，与他交过手的欧洲将军们认为，马塞纳在军事指挥方面的能力仅仅次于拿破仑。威灵顿也非常重视马塞纳，他对部下说："先生们，这一次我们面对的是全欧洲第一流的将军！"

马塞纳统率的部队有三个军，军长分别是朱诺、内伊、雷尼尔，总兵力六万六千人，还有一百一十四门大炮。威灵顿手下有五万余人，不过这里面英军只有两万五千人，其余的是葡萄牙军队，至于这些盟友的战斗力到底如何，连威灵顿自己也搞不清楚。此外，英军的火炮只有六十门，与法军相差了接近一半。

马塞纳从东面越过葡萄牙边境线，先后攻占了阿尔梅达和罗德里格两座城市，拿破仑得知战报后，迫不及待想听到英军被全歼的消息，便催促马塞纳向葡萄牙腹地快速推进。

威灵顿冷静地等待着，但是他的手下人有的开始急躁，个别的参谋军官脱离岗位，去喝咖啡闲聊，甚至还发牢骚，对战争前景进行悲观的预测。威灵顿对此十分恼火，他在给家人的信中这样评价道："这恐怕是英格兰派出来的最差劲的部队了。"

对法军的等待，让很多人变得神经兮兮的。威灵顿仍旧满怀希望，他是三军主帅，他坚信自己是可以战胜马塞纳的。英国的内阁虽然有大的变动，但是依然信任威灵顿，国王对威灵顿也是赞誉有加。

夏季到来了，法军蜂拥而至，决战的时机还不成熟，威灵顿命令后撤，由罗伯特·克劳福德率一支部队担任殿后任务，尽可能的给法国人制造麻烦。随后出现了一个难以预料的情况，一发法军的炮弹歪打正着，击中了英军在奥尔迈达的弹药库，并引起了大爆炸。

威灵顿知道消息后，遗憾地说道："这场灾难在我的预料之外，我原来打算在那里把法国人拖上一段时间，现在只能变更计划了。"现在，英军的大炮派不上用场了，威灵顿命令部队继续后撤，一直走到了卜萨科这个地方，这里特别适合防御战。威灵顿命令部队停下来，列阵等待，还击的时候终于到了。

9月27日，双方的人马全部集结完毕，六万六千法军对阵五万英葡联军。马塞纳在战前得意洋洋地说："威灵顿与我交手，是在拿他的所有的荣誉和名声当赌注。既然他想这么做，我一定把他关进笼子里。明天我们就可以席卷整个葡萄牙。"

卜萨科的地形有利于威灵顿再次使用他的"后坡战术"，同时，葡萄牙军队也士气高涨，与英军紧密配合。法军的多次进攻都被打退了，马塞纳想进行迂回，但始终无法突破威灵顿的右翼。法军将军内伊不清楚战场态势，命令手下的部队不停地进攻。

到了当天下午4点钟，法军仍旧没有取得任何进展。威灵顿命令部队在山谷里进行反击，给法军造成了很大的伤亡。当天的战斗中，法军阵亡四千五百人，英军阵亡的有一千两百多人，从结果上看，威灵顿赢了。

这是一场出色的防守反攻战,随后威灵顿带领联军继续后撤,马塞纳心有不甘,一路尾随。就这样,威灵顿成功地把法国人带到了托尔威德拉防线的前面。现在,法国人面对的是一条极其坚固的防线,无数天然和人工的障碍构成了不可逾越的屏障。

马塞纳心里清楚,夺取里斯本的可能性为零。此时,西班牙境内的游击队开始破坏法军漫长的补给线,在这样的情况下,马塞纳被迫撤军。远在巴黎的拿破仑没有等到大胜的捷报,而是令人沮丧的败绩,知晓了整个战役的过程后,拿破仑也开始重视起威灵顿了,他说:"整个欧洲,只有我和威灵顿才能有这样的战绩。"

第五章　1811—1814年的战役

1. 把法国人赶出葡萄牙

法国皇帝拿破仑一生风流倜傥，拈花惹草，不过，他的女人里面有皇后名分的只有两个。第一位是约瑟芬，生于1763年，原是保皇党将军博阿尔奈子爵的妻子，大革命时期，博阿尔奈因是保王党分子被罗伯斯皮尔下令处决，此后，约瑟芬沦为交际花。1796年，约瑟芬嫁给拿破仑，1804年被加冕为皇后。

1809年，拿破仑和约瑟芬离婚。没过多久，拿破仑迎娶了奥地利哈布斯堡王室的公主玛丽·露易丝，很明显这是一场政治联姻。1811年3月19日，玛丽为拿破仑生下一个男孩，拿破仑称这个孩子为"罗马王"，为了庆祝，那一天巴黎城鸣放了一百一十响礼炮。

在拿破仑的心里，他是把这个儿子当作庞大帝国的继承人的，他要削平所有敢于反抗他的势力，然后再把这一切安安稳稳地交给儿子。此时，伊比利亚半岛的战事还在持续进行，即使是拿破仑手下最有指挥才能的元帅，在英国将军威灵顿面前，也是狼狈不堪。

马塞纳的法军且战且退，物资供给极其匮乏，葡萄牙人早就实施了坚壁清野，因而法军大多时候只能依靠抢劫来填饱肚子。威灵顿在回忆录中写道："即使我们有足够的钞票，还有老百姓的支持，在那个地区养活一个师的部队都是困难的。而法国人要养活六万军队和两万头牲畜，他们已经苦苦支撑两个多月了。"

1811年3月，法军从西班牙获得的补给几乎为零，随后朱诺受伤，内伊公开表达了对马塞纳的不满，马塞纳无奈之余，只能继续后撤。威灵顿率军在后面跟着，始终保持一定的距离，对于那些与主力部队分开的零散法军，威灵顿会毫不犹豫地予以歼灭。

双方先后在庞巴尔和雷丁纳两次交火，内伊布置了一支人数不少的殿后部队，但是很不幸，这支部队很快就陷入英军和葡萄牙军的围攻之中。每一个法军士兵都盼望能活着走出葡萄牙，但是边境线此时此刻仿佛变得非常遥远。在阿龙西河口之战结束后，难民一般的法军走出了群山地带，在他们的身后，车辆零零碎碎丢了一路。

内伊变得暴躁，马塞纳干脆剥夺了他的指挥职务。当法军行至撒布加尔时，与追击的英军发生混战，战斗打响的当天雾气迷离，双方都有误伤自己人的情况发生。这场战斗结束后，马塞纳和他的败军终于走出了葡萄牙。在噩梦般的撤退道路上，一万七千名法军士兵倒在了葡萄牙的土地上，此外，还有八千人当了英军的俘虏。

从踌躇满志的进攻到狼狈撤退的一年时间里，马塞纳元帅的大军整整减员一半。此刻，威灵顿可以自豪地宣称，法国人的入侵被彻底粉碎了。马塞纳曾经号称"胜利之子"，如今，这顶桂冠被威灵顿镀上了一层铁锈。

但是，一向以谨慎和冷静著称的威灵顿并没有过度陶醉，因为扼守罗德里格城走廊的奥尔迈达和巴达霍斯两座要塞仍然在法国人的手中，这两座要塞是葡萄牙的门户，如果不能夺回这两座要塞，就意味着法国人依然站在葡萄牙的大门边，随时可以再次进来。

4月，威灵顿的计划是同时对两地展开攻击，他命部将贝雷斯福德围困巴达霍斯，他本人则亲自负责奥尔迈达的战事。得到了休整和补充的法国人开始迅速移动，马塞纳集结精锐力量前往奥尔迈达解围。

没过几天，在弗恩斯特高地，马塞纳与威灵顿这对冤家再次相遇。从单筒望远镜里，可以清楚地看到漫山遍野的法国人，这一次，法军步兵人数是英军的三倍，骑兵的比例则达到了四比一，可以说是众寡悬殊。5月15日，双方爆发了激烈的战斗，法军骑兵不断地向英军步兵方阵冲击，企图将他们冲散，但英军在威灵顿的指挥下，方阵依然有序。

英军的骑兵因为数量太少，抵挡不住法军蜂群般的进攻，被击溃了。情急之下，威灵顿命令所有的炮火掩护步兵方阵，不断地轰击法军的马队。5月16日，英军依然把马塞纳阻挡在奥尔迈达城外，马塞纳再一次退却了。威灵顿在给家人的信中写道："这是我从未经历过的艰难时刻……幸好拿破仑本人不在，否则我和我的部队将面临灭顶之灾。"

奥尔迈达的守军招架了一阵，随后逃跑了。威灵顿对未能防止敌人逃跑而大为恼怒，称这是奇耻大辱。不过，春季战役已经达到了预期效果，通往罗德里格城的道路被打开了。拿破仑得知消息后大为光火，他撤掉了马塞纳的司令官职务，改由第十一军军长马尔蒙任司令官。

马尔蒙出生于1774年，从1793年开始，他跟随拿破仑东征西讨，立下许多战功。1808年，马尔蒙被封为拉古萨公爵。1809年7月，马尔蒙与乌迪诺和麦克唐纳一起被晋升为帝国元帅，时年三十五岁。此后，马尔蒙任伊利里亚省总督。1811年初，马尔蒙应召至葡萄牙，在马塞纳手下指挥第11军。

此时，从巴达霍斯方面传来消息，法军元帅苏尔特正在猛攻威灵顿的部将贝雷斯福德，法军虽然人数众多，但在视死如归的英军面前，还是什么便宜也没捞到就撤退了。贝雷斯福德的部队伤亡很大，尽管这种坚毅果敢的精神放在任何地方都值得赞颂，但是主帅威灵顿可不喜欢这种消耗战，威灵顿写道："这样的战斗再来一次，我们就毁了。"

夏季来到了，威灵顿赶到了巴达霍斯。法国人再次汹汹而来，为了避免被围困，威灵顿带领部队撤到了边境上相对安全的位置。8月，威灵顿剑走偏锋，率军包围了罗德里格城，但是马尔蒙的法军主力很快就到了。9月25日，在埃尔伯顿，双方开始了一场混战，英军步兵方阵固若磐石，再次经得起了考验。至于伤亡数字方面，双方可以说是平手。

攻打罗德里格城的计划推迟了，威灵顿并没有感到沮丧，相反，他很满意，因为自从他重上伊比利亚半岛以来，他已经使法国人吃尽了苦头，这是欧洲其余各国的部队从没有做到过的。威灵顿率军撤到了贝拉的山岩地区，居高临下，等待合适的时机再拔出他的剑。

比利牛斯山是欧洲西南部的最大山脉，它东起于地中海，西止于大西洋比斯开湾，将伊比利亚半岛和欧洲大陆分隔开来，同时也是西班牙和法国的天然国界。如果将威灵顿的军事目标具体化，那就是比利牛斯山。

在一封信中，威灵顿写道："拿破仑的去向是可以预见的，那就是他的势力将退出半岛，可能您会发问，那个时候我该做些什么？我的回答就是向比利牛斯山前进，那里是法国最脆弱的边境，法国在那里部署了二十万军队，但我依然可以压迫他们。如果没有更好的进攻地点，比利牛斯山就是他们的伤心之地。"

1811年底，威灵顿在地图面前凝视着伊比利亚半岛，思索着远大的战略构想。与此同时，远在巴黎的拿破仑也在准备着，不过他的目标不是威灵顿，而是俄国。自从1807年提尔西特和约签订后，法国和俄国相安无事了几年，但这种缓和是暂时的，随着俄国不再与法国共同封锁英国的贸易，拿破仑意识到，要想摧毁英国，一定要先征服俄国。

　　时间来到了1812年，马尔蒙和苏尔特依然盘踞在西班牙，葡萄牙边境上的罗德里格城和巴达霍斯还在法国人手中，威灵顿的首要任务就是攻下这两座要塞。法军的补给线需要穿过沙漠，更何况西班牙的游击队时不时地出来进行破坏，这使得法军移动的速度慢了一拍。

　　对于军队而言，物资和运输如同两个轮子，法军的软肋就在这里。而对于威灵顿，这恰恰是他的优势，他可以任用自如地调动部队，如果时机合适，他随时可以命令部队投入战斗，主动权已经紧紧握在了他的手里。

　　冬季还没有过去，大地一片积雪。威灵顿决定依靠机动优势进行突袭，目标是罗德里格城。1月8日，威灵顿的英葡联军兵临城下，为了防止马尔蒙来增援，攻城战必须速战速决。但是，战斗还是进行了十多天，1月19日，威灵顿攻克了罗德里格城，全歼法国守军两千余人。

　　马尔蒙元帅并非不想来增援，只是由于缺乏兵力，同时攻城装备也不足，即使前来，也无法夺回罗德里格城。威灵顿虽然取得了成功，但是代价很大，他的部将罗伯特·克劳福德就在此战中阵亡。杀红了眼的英军在进入罗德里格城后，进行了完全没有必要的屠杀。

　　下一个目标就是巴达霍斯了。2月份，威灵顿率军向巴达霍斯方向移动，他最关心的是攻城器械的运输问题。3月16日，围城战开始了。当时的攻城步骤几乎都是一样的，先是挖壕沟，双方各自对峙，然后是挖地道，这样可以躲避敌方的火力向前突击，再往后就是布雷与反布雷。这期间大炮也是主角，破坏那些陡坡，让士兵攀爬起来容易一些。

　　最后，总攻开始了，这一天是4月6日的晚上，两个小时的炮火急袭过后，英军的突击队冲了上去，整个要塞被火光照耀得如同白昼一样。不一会，威灵顿接到战报，攻击部队受挫，撤了下来。威灵顿似乎没有想到会这样，脸色变得苍白起来，但他马上镇定下来，重新发布命令。

进攻的路上尸横遍野，不过巴达霍斯终于被拿下了。当参谋人员把阵亡名单拿给威灵顿看时，威灵顿攥着名单失声痛哭，这是他从军以来第一次在部下面前流眼泪。

英军再次疯狂起来，为了庆祝胜利，他们在全城大肆抢掠，每一间屋子都被搜过，战战的平民躲在一边，不敢制止。威灵顿发布了严厉的命令，并竖起绞架，用以震慑不听号令的士兵，但是作用不大，直到4月10日，巴达霍斯才恢复了秩序。至此，法国人在葡萄牙的势力被彻底荡平，威灵顿整训部队的同时，只等时机合适，就要进军西班牙了。

2. 进军与撤退

这一年的春季，欧洲的东部战云密布，法国先后与普鲁士和奥地利签订了同盟条约，这对俄国是一种很直接的威胁。4月下旬，俄皇亚历山大要求拿破仑撤走在普鲁士和西西里亚的法军，拿破仑立即拒绝，并开始调集军队。

5月中旬，拿破仑在德累斯顿设立大本营，在此后的半个月时间里，拿破仑集结了欧洲历史上最大规模的兵团，其中法军二十万人，普鲁士军十五万，意大利军八万，波兰军六万，合计近五十万大军。6月初，拿破仑大军出发了，他打算在这个夏季就迫使俄国人屈服，但他没有料到，这一次远征俄国将会是一场空前的灾难。

拿破仑和威灵顿这两个19世纪的佼佼者将会有沙场对决的那一天，但是现在，他们都在向着各自的目标前进。同样是6月，威灵顿率军踏上了西班牙的红土地，几乎没费什么气力，威灵顿就进入了萨拉曼卡，因为法军没有固守这里。入城的那天，城里的民众异常激动和兴奋，威灵顿几乎要被从马上拉下来了。

在阿尔玛达斯地区，英军破坏了法军架在塔霍河上的浮桥，这样，马尔蒙和苏尔特两个兵团之间的联系被切断了。威灵顿对此非常满意，眼下他要对付的是马尔蒙，苏尔特放到以后再说。6月14日，威灵顿主动压迫法军，寻求决战。马尔蒙很明智，他率军撤到了杜洛河以北，在得到了休整和增援后，马尔蒙重渡杜洛河。

从7月15日到7月21日的几天时间里，双方都在互相迂回，两支部队在平地上齐头并进，距离最近时只有几百米，所有的一切都看得清清楚楚。但是，大规模的战斗还没有打响，无论是马尔蒙还是威灵顿，都在耐心地等待对方先露出破绽。

7月22日，马尔蒙判断失误，他派左翼部队离开主力，去迂回包围威灵顿的右翼，这就造成了兵力分散。此时，威灵顿正在一个地势较高的小院子里吃午饭，他一边啃着鸡腿，一边用望远镜观察着战场态势，突然之间，威灵顿扔掉鸡腿，大声喊道："我的上帝！机会终于来了！"连他的副官都吃了一惊。

随后，威灵顿快马加鞭到了一座山顶，又细心地看了一遍，确信无误后，他对副官高兴地说道："马尔蒙必败无疑！"以威灵顿的风格，他不会把重要的作战命令让传令兵去传达，下山之后，威灵顿只带了一名卫兵，策马飞奔来到了英军右翼部队。

此时是下午2点，威灵顿命令骑兵出击，对法军的左翼突出部分予以迎头痛击，他大声说道："那些家伙就在那里，去把他们彻底分割开来，然后送他们下地狱！"骑兵第3师迅速出击。

随后，威灵顿又来到了英军中路，他命令英军第4师和第5师攻击法军中路，第6师和第7师还有两个葡萄牙旅担任掩护和支援任务。接着，英军左路出动，去攻击分割法军的右翼。

马尔蒙元帅晕头转向，麾下的五万法军被英国人打得四分五裂。起初，马尔蒙试图扭转败局，但他受了伤。他把指挥权交给庞纳将军，十几分钟后，庞纳将军阵亡。这之后，法军由克罗泽尔将军临时指挥，虽然拼命反抗，然而大势已去，只能向布尔戈斯方向撤退。

战斗过程仅仅持续了四十分钟，完全可以用"兵败如山倒"来形容此时的法军。此役，法军伤亡七千人，被俘七千人，共计一万四千人，另外，有三位将军战死，四位将军当了威灵顿的阶下囚。威灵顿的英葡联军伤亡五千二百余人，连对方的半数都不到。

现在，整个西班牙向威灵顿敞开了。除了养伤的马尔蒙和逃跑的克罗泽尔，阻挡威灵顿前进道路的还有两个人，一个是拿破仑的哥哥、西班牙名义上的国王约瑟夫，另一个是驻扎于安塔卢西亚地区的法军元帅苏尔特。不过，这两个人也并不平静，约瑟夫急躁不安，苏尔特则对是否率军前来而犹豫不决。

摆在威灵顿面前的选择有两个：一是向北前进，夺占布尔戈斯；二是攻进马德里，让约瑟夫滚蛋。威灵顿选择了第二个，因为如果北进，势必要与法军再次恶战，不如先拣容易很多的马德里下手，这样法军自然会被吸引过来，到那时是战还是退完全可以从容选择。

约瑟夫逃跑了，大队人马和车辆护送着这位国王去瓦伦西亚避难。威灵顿兵不血刃，像游览一般来到了马德里城下。8月12日，英军进城了，西班牙民众像过节一样欢呼着解放者的到来，有的人甚至激动地亲吻威灵顿的靴子和战马。同时，英国政府也毫不吝惜地给威灵顿进爵位。

9月份到了，在遥远的东方，拿破仑还在一意孤行，他征服俄国的梦想丝毫没有减退。在距离莫斯科一百二十公里的博罗季诺，已经六十七岁的俄国元帅库图佐夫设置了庞大的地堡群，拥有六百多门大炮，十二万俄军在那里防守。

法军的达武元帅建议采用迂回方案，避免与俄军硬碰硬，拿破仑没有采纳这个建议。9月7日，法军正面强攻，激战了十多个小时，俄军在伤亡了四万余人后选择撤退，库图佐夫消耗和迟滞法军的战略目标已经达到。拿破仑虽然赢了这一场，但是法军伤亡了三万三千多人，加上一路以来的各种损失，此时的法军已经是强弩之末了。

随后，法军开进了莫斯科，这里已经是一座空城了，库图佐夫的坚壁清野策略真可谓是发挥到了极致。依照以往的经验，拿破仑等待着沙皇亚历山大前来议和，他还派出特使去见库图佐夫，希望达成协议，库图佐夫不予理睬。

9月16日夜晚，莫斯科城燃起大火，法军的粮草辎重毁于一旦。无奈之余，拿破仑只能撤军，打算回到巴黎重整旗鼓。而此时，库图佐夫早已制定好了反击法军的计划，疲惫不堪的法军士兵面临的将是哥萨克骑兵的凶猛追杀。

差不多是在同一时间，威灵顿改变了原来的计划，他率军前往北方，打算攻占布尔戈斯。法军没有选择与英军进行野战，而是退到布尔戈斯城里，凭城固守。威灵顿怀疑是否有能力可以攻下这座要塞，但是箭在弦上，不得不发，围城战还是开始了。

10月份到了，整日的阴雨连绵，战壕里都积满了水，英军苦不堪言，士气也没有刚来时那样振奋了。更何况，弹药的供应也不充足，对布尔戈斯发动总攻没有什么胜算。这时传来情报，苏尔特的法军已经逼近了。

威灵顿还在尝试着用不大的代价攻下布尔戈斯，比如布雷、炮火轰击，还有用小股部队进行渗透和突击，这些都没起到什么作用。威灵顿自从军以来，很少有这样犹豫不决的时候。苏尔特和约瑟夫越来越近了，威灵顿只能整顿部队，离开这个险境。

探究围城的失败，威灵顿输在了运输上，他写道："对于围城战的失利，国内政府没有责备我，这完全是我自己的行动，当时，急需的物资没有到位，一向运转自如的供应也出现了纰漏。"

撤退到马德里也是不现实的，在那里极易被敌人合围。让人觉得心安的是，身后的葡萄牙完全在英军的掌握之中，回到那里就意味着到家了。没用一个星期，威灵顿就来到了瓦拉多利德的杜洛河后面。

11月，仍旧是冷雨迷离的时节，远处的山峰上已经飘落雪花了。圣克里斯托瓦尔高地，这个十分熟悉的地方，威灵顿和他的部队终于回到了这里。对于萨拉曼卡这座西班牙边境上的城市，威灵顿还是想坚守住，虽然追击的法军在兵力上几乎多出了一倍，但是威灵顿在心里是想把七月战役再复制一遍的。

苏尔特不同于马尔蒙，他的法军从威灵顿的侧翼迂回过去了，这使得威灵顿的计划落空了。苏尔特的目标越来越明显，他只是想凭借天时地利的优势，迫使英军撤回葡萄牙，因此没有与威灵顿正面对决。战场态势越来越不利于自己，威灵顿放弃萨拉曼卡，英军全部撤回葡萄牙。

最后四天的撤退很是狼狈，粮食匮乏，雨还在下，到处都是泥泞，士兵们饥寒交迫。与1795年从荷兰撤退的窘境相比，这一次也没好到哪去。饥饿的士兵以橡树子填饱肚子，幼小的猪仔也被拿来吃掉，这使得许多士兵的肠胃出了问题。威灵顿对此非常恼怒，他亲自殿后，经过用心的行军计划，他终于把数万大军有惊无险地带回了葡萄牙。

此时，在俄国境内的拿破仑也在一路逃亡。11月14日，拿破仑离开了斯摩棱斯克，两天后，库图佐夫拦住了去路，拿破仑将达武元帅的部队和自己的近卫军全部压了上去，才将俄军击退。同时，法军的后卫部队六千余人与主力接应不上，被俄军围攻，最后只有八百多人冲了出来。

拿破仑本想退往明斯克，但情报显示，已经有俄军重兵布置在那里。经过权衡，拿破仑只好走北面的路线，取道维也纳。这条路线途经一条大河，名叫别列津纳河。11月25日，法军在河上建起两座渡桥。11月27日，法军开始过河，十四万俄军从三面杀了过来，法军损失了两万五千人，才摆脱了俄军。

至此，拿破仑终于安全了，但是他出发时的几十万大军只剩下了不到三万人。12月5日，拿破仑把剩余部队交给缪拉元帅指挥，自己则先期回到了巴黎。远征俄国是拿破仑的一大败笔，他的伟大事业由此走向了下坡路。

3. 葡萄牙！我将永不再见你！

1813年来到了，看到了拿破仑在俄国的惨败，那些被法国控制的国家都在不安地骚动着，普鲁士更是抓住机会主动挑战法国，法兰西第一帝国的寿命没有多久了。伊比利亚半岛上，威灵顿专注于眼前的情况，他要把法国人彻底地赶到比利牛斯山的那一边，然后把战场摆在法国境内。

西班牙首都马德里由法军的一支后卫部队驻守着，约瑟夫的行宫设在了瓦拉多利德，他希望在杜洛河一线阻挡威灵顿。因为在约瑟夫看来，如果威灵顿出兵葡萄牙，一定会再次经过西班牙边境城市萨拉曼卡，那样就可以用早已建好的坚固阵地，让威灵顿吃些苦头。

但是，威灵顿打算出其不意。4月中旬的时候，威灵顿对部将贝雷斯福德说出了自己的想法：部队在五月初开始行动，在葡萄牙境内的杜洛河下游通过，一部分向托尔梅斯河运动，以此来掩护其余部队的行动。

除此而外，威灵顿还想到了一旦在西班牙境内打持久战，就不能再从葡萄牙运输物资，而是应该依靠西班牙的某一个海岸地点，由英国海军进行补给。至于出发的时间定在5月，是因为那时节燕麦已经成熟，马匹可以得到充足的饲料供应。所有携带的物资里面，必不可少的一样东西是红酒，威灵顿特别喜欢吃着冷肉，喝红酒。

这一年的春季几乎一直在下雨，在杜洛河上搭建浮桥的工作被迫延期。威灵顿此时患了感冒，休养期间，威灵顿对出发时间延误很是恼火，他命令炮兵部队去搭建浮桥。到了5月底，英军终于出发了。

在跨过边境线进入西班牙的时候，威灵顿调转马头，挥帽向葡萄牙告别，他大声说道："葡萄牙！我将永不再见你！"身边的副官还是第一次看见他们的司令官这样富有行为艺术。威灵顿不光是简单的告别，他也有着足够的信心横扫一切，撤回葡萄牙的情况是不可能再次发生的。

半个月之内，通过出其不意的迂回，威灵顿把法国人赶出了杜洛河一线。紧接着，法军又退出了西班牙的萨摩拉省，英军进入那里，接受着西班牙民众的欢呼。稍作休整，威灵顿向布尔戈斯进发，前一年的围城战让英军吃了很大苦头，威灵顿此次打算一雪前耻，攻下布尔戈斯。

但是，法军竟然没有固守布尔戈斯的打算了，他们的后卫部队在英军到来之前，用炸药把整个要塞都炸毁了。威灵顿情绪高涨，他觉得不仅可以把法国人赶出伊比利亚半岛，而且根据欧洲目前的态势，还可以迫使拿破仑接受和平协议，那时候，各国的安宁与和平会真正到来。

法军在埃布罗河南侧的山地有着坚固的工事，威灵顿可不想去硬碰硬，他率军在那些人迹罕至的山顶跋涉，绕过了埃布罗河南侧的群山，将自己的部队摆在法军集团和桑坦德之间。英军早已建立了新的基地，可以很方便地从那里获得补给。

西班牙阿拉瓦省的首府是维多利亚，这里又被称为维多利亚盆地，法军集团五万余人困在这里，其中约瑟夫和他的所谓宫廷随从也在这里面。威灵顿的计划是，拦住法国人回家的道路，并切断通往巴约纳的大路，最后，将这五万余人合围。如果计划执行有误，最差也可以迫使法国人走向潘普洛纳。

维多利亚盆地大战在6月21日拉开了序幕，法军的克罗泽尔部一直在进剿西班牙游击队，威灵顿无法确定克罗泽尔的具体位置。那一天，一个旅店的小老板骑马走了三十多公里，向威灵顿报告说，克罗泽尔正在他的小旅店里休息呢。威灵顿听罢，立即命令所有部队按计划行动。

战役过程干净利落，冲出包围圈的法军残部向比利牛斯山方向逃去，他们的大炮和从西班牙抢夺来的物品全都遗弃了。英军心情激动地打开了装满金币的箱子，葡萄牙盟友则把缴获来的法军将军制服穿在身上，到处都是欢呼声，连约瑟夫丢下的个人家当也被拍卖了。

拿破仑在西班牙设立的王室，现在已经不复存在。威灵顿向英国政府递交了公报，这份公报随后被译成好几种文字，传遍了欧洲。沙皇和普鲁士国王听到"约瑟夫国王滚蛋了"这个消息，都露出了喜悦的笑容。因为政治联姻而依附拿破仑的奥地利，在此之后也转变了立场。威灵顿的军事舞台，即将从伊比利亚半岛扩大到全欧洲。

在炎热和雨水交替的夏季里，威灵顿继续进军，他们来到了圣瓦塞斯提安。这里是西班牙的边境了，站在高处，可以望见不远处的法国村落。许多人都希望威灵顿立即进入法国，把拿破仑赶下台。

但威灵顿还是很谨慎，因为西班牙境内的很多要塞还在法军的手里，约瑟夫虽然败了，但是苏尔特元帅的法军仍旧完好无损，此时贸然进入法国，有被切断后路、腹背受敌的危险。威灵顿决定围困圣瓦塞斯提安，并寻找机会与苏尔特进行决战。

欧洲各地此时也是战火再起，英国、沙皇俄国、普鲁士、瑞典组成第六次反法同盟，而奥地利此时摇摆不定。战斗先期，拿破仑取得了一系列胜利，但都不是决定性的，而第六次反法同盟的实力相当强悍。

奥地利首相梅特涅充当调停人，希望拿破仑能放弃一部分领土，双方罢战言和，拿破仑断然拒绝。梅特涅表示，如果法国不接受条件，奥地利将加入反法同盟。8月10日，战火扩大。8月12日，奥地利加入反法同盟。虽然此后，拿破仑在德累斯顿战役中取胜，但总体形势趋于紧张。

10月16日，在莱比锡，拿破仑的二十万法军与反法同盟的三十万军队进行决战。战役一直进行到19日上午，法军损失近七万人，重装备几乎丢弃殆尽。拿破仑率败军撤到了莱茵河一线，之后返回巴黎。莱比锡会战的惨败，预示着拿破仑帝国即将走向终点。

此时，威灵顿早已攻下了圣瓦塞斯提安，苏尔特元帅始终没有办法战胜威灵顿，只能且战且退。10月初，威灵顿率军进入加泰罗尼亚地区，并把在那里的法国人赶了出去。11月，威灵顿进驻尼维勒，完成了对巴约纳的包围。

圣让德利兹位于大山与蓝色的大海之间，威灵顿把自己的司令部迁到了这里。有一天，威灵顿请一位被俘的法军军官吃饭，在谈话中，根据那位军官透露的消息，威灵顿得知拿破仑已经精疲力竭了。

没过几天，从英国本土又开来了两个旅的近卫军，归威灵顿指挥。身穿白色马裤和鲜红色军大衣的近卫军官兵还举行了出征仪式。随后，攻击再次开始，法军被迫退到尼夫河以后。即使在这一年的冬季，大大小小的战斗也几乎没有停过，苏尔特还在顽强地抵抗着。

不过，在圣诞节前后，还是有几个星期的短暂休息。威灵顿的老部下早已习惯了各种季节的征战，但是刚刚加入战斗序列的近卫军有些吃不消了，显得很疲乏，正好利用这段时间好好休息一下。许多法国的乡下人偷偷地跨过封锁线，把自己家的家禽卖给英国人，相比于为苏尔特运送军需，这些人更喜欢英军的现钞和白糖。

在明朗的前景中，1814年来到了。威灵顿忙碌了起来，他要切断巴约纳城的宽阔后方。2月份，在猛烈的风暴之中，英军开始出击，苏尔特没有组织起有效的还击，被迫退到奥泰茨。英葡联军随后攻打奥泰茨，这一回，威灵顿本人险些出现在伤亡名单里。

当时，威灵顿正和一位副官站在一起，注视着眼前激烈的战斗场景。突然间，那位副官被什么东西打倒了，威灵顿刚想去把他扶起来，结果自己也挨了一下，摔倒在地。威灵顿的表现再一次显露出了沙场老将的无所畏惧，他没有喊医护兵，只是挣扎着爬了起来，还大声笑骂道："该死的！我也挂彩了！"

原来，一颗子弹打在了他屁股后面的佩刀上，又斜着滑了出去。威灵顿受了一点皮外伤，还好，经过处理包扎，他第二天还可以骑马。战线缓慢地向东方延伸，威灵顿除了军务，还有许多公文事宜要处理，有时吃过了晚餐，威灵顿还要写很多的私人信件。苏尔特仍旧不屈不挠地在前面晃来晃去，在塔布这个地方，双方发生了一次小规模的交火。

在另一条战线上，反法同盟联军也已深入法国境内，拿破仑招募新军以求转败为胜，但是此时法国国内厌战情绪很大，立法院也不愿予以配合。虽然如此，从2月10日至2月14日，拿破仑还是凭借个人能力连续打了胜仗。3月9日，普鲁士元帅布吕歇尔在劳恩大败法军，随后兵临巴黎。

法军元帅马尔蒙手下还有一些部队，但此时大势已去，即使全部战死在巴黎城下也无力回天，3月30日，马尔蒙率部投降。联军随即进入巴黎，路易十六有一位幸存的哥哥，即普罗旺斯伯爵，他被拥戴为法国国王，也就是路易十八。

此时，拿破仑还在另一个地方奋战，筹划如何力挽狂澜。得知了巴黎的事情，他觉得这一回真的完了，但他还是不甘心。尽管从他本人到普通士兵全都疲惫不堪，他仍然打算用手下的九千近卫军夺回巴黎。拿破仑手下那些元帅们指出，夺回巴黎毫无希望，只是做无谓的牺牲罢了。

无奈之余，拿破仑同意退位，但提出条件，让自己的儿子继位，由皇后玛丽摄政。联军毫不客气地拒绝了这个条件。不过，联军保留了拿破仑的皇帝名号，并把他流放到地中海的厄尔巴岛，他的皇帝权力只能在那个小岛上行使。法兰西第一帝国就此灭亡。

因为消息传递的速度有限，威灵顿并不能了解每一天都发生些什么。英葡联军仍旧按原计划前进着，在3月末的时候，威灵顿已经来到了图卢兹城下。图卢兹是法国西南部的大城市，苏尔特在这里守卫着。威灵顿不仅要操心部队的给养问题，还要按照以往的习惯亲自侦查地形。

有一天，一个人给威灵顿带来一张字条，上面写着："歌颂上帝和你自己吧，那个暴君已经垮台啦！"威灵顿看到后十分高兴，他知道拿破仑已经被打垮了，但是眼前的事情还是要解决，因为苏尔特仍然在图卢兹，没有什么罢战言和的迹象。

4月10日，威灵顿大举攻城，苏尔特被迫后撤，逃向了卡尔卡松方向。随后，英葡联军入城。威灵顿还是那一身装束：三角帽和军大衣，外加一件披风，人们在街道两边注视着这位英国统帅，目光里满是敬畏。

几十分钟后，一位上校快马加鞭从波尔多赶来，给威灵顿带来了最新消息。因为兴奋，上校说话都有些不太自然了。

"将军阁下，我带来了特别消息。"

威灵顿只是"哦"了一声，看惯了尸横遍野的场景，他几乎从不对任何东西感到惊讶。他看着上校说道："我们得到和平了，是这个吧？还不错，我们不是一直在期待和平吗？"

上校说："不是这个，将军。拿破仑被流放啦！"

威灵顿听到这个消息，怔了一下，"怎么被流放了呢？"他的脸上随即露出喜悦，而且是那种难以置信的喜悦。

"天啊！这真是个好时刻！你不用再说了，太棒了！万岁！"威灵顿一边激动地说着，一边原地走来走去，两只手互相捏着，指关节发出了咔咔的响声。那位上校从没有见到他们的司令官如此忘形的喜悦。

当天晚上，在一个地方官员的家里，举行了庆祝舞会。有人为这些战场上的英雄们戴上了白色的帽徽。祝酒辞都是在喊口号，这个过程持续了十分钟。一贯低调的威灵顿对此还有些不太适应。舞会过后，一行人去看戏，当他们出现在剧场的时候，到处都是一片欢呼声。

苏尔特得知拿破仑皇帝已经退位了，再抵抗也毫无益处，便向威灵顿投降了，双方达成了图卢兹条约。这之后，威灵顿在图卢兹又停留了几个星期，除了料理军务，他还参加了很多舞会，其间去几十公里外的森林里打猎。

国内的老朋友卡斯尔雷希望威灵顿担任英国驻巴黎公使，威灵顿在回信中说："以目前的形势来看，我必须选择一种为国家服务的方式，在国内还没有合适的职位，在国外或许好一些……我从没有想过，我会有这样的机会与资格。"虽然表示了谦逊，但威灵顿接受了这个职务。

5月初，威灵顿前往巴黎，正好赶上了俄军的检阅仪式，法王路易十八、沙皇亚历山大、普鲁士国王、奥地利皇帝都在观礼台上，威灵顿骑在马背上观看检阅仪式，各国的君主们不时地转头注视威灵顿，想好好看一看这位伊比利亚半岛的英雄。当天晚上，沙皇邀请威灵顿来参加舞会，在会上，威灵顿见到了大名鼎鼎的普鲁士元帅布吕歇尔。

威灵顿在巴黎呆了一个礼拜，他的外交工作还没有开始，参加的都是社交活动。这期间，英国政府加封威灵顿为公爵，他现在是名符其实的威灵顿公爵了。这个赏赐要感谢摄政王和利物浦伯爵，自老国王乔治三世精神失常后，他的长子威尔士亲王开始摄政，行使国王职权。利物浦伯爵就是时任英国首相的罗伯特·詹金逊。

5月末，威灵顿回到图卢兹，他患了重感冒，休养了好多天。

英国政府派给了他一项任务，去西班牙调解矛盾。随着拿破仑的倒台，斐迪南重登西班牙王位，但他的施政引起了社会暴乱。没有人愿意看到刚刚到来的和平转眼之间演变为局部内战，必须有一个极具威望的人去充当调解员。威灵顿在西班牙威名远播，所以是最合适的人选。

身体康复后，威灵顿启程了。一路上，他重温了那些他和他的部队奋战过的地方。很快，他到了马德里，斐迪南国王给他的印象还不错，但是西班牙新政府的部长们简直是一帮庸才。威灵顿向斐迪南国王提出了许多中肯的建议，至于国王和他的部长们到底能多大程度落实这些建议，以及能取得多大效果，就不是威灵顿所能左右的了。

现在，威灵顿也该回家去看看了，自从1809年初春来到伊比利亚半岛，他已经有五年多没踏上英格兰的土地了。完成了在西班牙的使命，威灵顿决定回家了。在波尔多，他停留了几天，向老部下发布了公文命令，还写下了一些告别辞。然后，威灵顿乘马车赶往加莱港，坐上了回英格兰的船。

在英格兰东南部的多佛港，威灵顿上岸了。英雄凯旋的消息传遍了大街小巷，人们围在威灵顿的马车周围，想好好目睹一下他的风采。很快，他到了伦敦，妻子基蒂和孩子们在汉米尔顿宫等待与他相见。基蒂现在已经是公爵夫人了，不得不参加的社交活动让她感到很疲劳，她的眼睛也越发近视了，如果距离太远，她分辨不出站在面前的是谁。

威灵顿避开了欢呼的人群，去看望了他的老母亲和妹妹。几天后，他赶往朴茨茅斯，在那里拜见了摄政威尔士亲王。各种庆祝活动过后，威灵顿分别去上议院和下议院致辞，下议院经过投票，决定为他购置一座庄园，另外，威灵顿还获得了金额为四十万英镑的奖金。

秋天到了，威灵顿去往巴黎履行他的外交职务，途中他到了比利时，帮助比利时人完善地区的防务。在巴黎的生活一点也不沉闷，大部分时间都在消遣。此时，第二次英美战争还在遥远的美洲大陆进行着，法国对此采取了中立态度，威灵顿的外事工作很多都是与此有关。

反法同盟胜利后，各成员国在维也纳进行和谈，商谈划分新的势力范围，英国政府的代表是卡斯尔雷。和谈进展缓慢，每个人都想为自己的国家争取更多的利益。此时的法国，不安的骚动开始闪现，路易十八没有拿破仑那样的政治魅力，一些法军老兵和拿破仑的支持者表示出了不满的情绪。

这是一个危险的信号，如果法国因此发生叛乱，那么威灵顿极有可能有性命之忧。英国官方打算让威灵顿去维也纳，担任和谈顾问，或者去担任驻美洲英军的总司令，无论是哪一个，官方都不希望他再留在巴黎了。

威灵顿对去美洲兴趣不大，他一针见血地指出，英军在那里接连失利，是因为缺少在五大湖地区的水面优势，这个弱点是短时间里无法弥补的，即使派一两个能干的将军过去，也起不到多大的作用。

另外，威灵顿没觉得自己有必要离开，如果离开，也要等到第二年的春天再说，他不想被人说成"纵横沙场的公爵被法国局势吓跑了"。此时，卡斯尔雷返回英国处理国内事务，摄政王和利物浦伯爵都希望威灵顿去接替这项工作，在他们眼中，威灵顿是关系到国家安危的人物，不应该身处险境。在此情况下，威灵顿只能离开巴黎，前往维也纳。

1814年12月24日，在比利时城市根特，英美两国外交人员签订和约，双方正式停战。但是，由于交通不便，停战的消息并没有传到新奥尔良，这造成新奥尔良的英军和美军一直打到第二年年初。1815年2月17日，美国总统麦迪逊正式签署《根特和约》，并立即生效。根据和约，双方恢复了各自战前的地盘，美国取得了在圣劳伦斯河的捕鱼权。

关于第二次英美战争的结局，威灵顿早有预见，说自己去那里恐怕也只是签署一份和约。现在，威灵顿本人已经身处维也纳了，在1814年的最后一天，他接到了利物浦伯爵的来信，信中对威灵顿出使维也纳十分满意，并提到法国元帅缪拉在那不勒斯地区蠢蠢欲动。厄尔巴岛上，拿破仑也在筹谋如何逃出去，重建昔日的辉煌。1815年来到了，并且注定是不平静的一年。

第六章 滑铁卢战役

1. 战役的序幕

冬天还没有过去，维也纳和谈还是那个样子，白天，各国代表因为分赃不均而大吵大闹，晚上，舞会和宴会一片歌舞升平。俄国沙皇亚历山大一世希望吞并波兰，普鲁士国王对萨克森地区情有独钟，同盟国家内部矛盾重重，甚至为此大打出手也不是没有可能。威灵顿的日常生活很忙碌，除了连续不断的各种会见，他还要撰写和修改各种文件。

3月初的一天，维也纳和会的组织者、奥地利首相梅特涅开完了一天的会，在凌晨3点才上床睡觉。早晨6点的时候，随从送来了一封信，梅特涅看了一眼信封，是奥地利驻热那亚领事馆的来信。他把信放在一边，又躺了一个多小时。7点多钟的时候，梅特涅起床，打开了信封，里面的内容让他大吃一惊，上面写着："拿破仑已不在厄尔巴岛，去向不明。"

梅特涅在之后的一个小时里会见了三位国王，上午10点的时候，威灵顿公爵也接到了通知，不过稍早一些的时候，他已经从别的渠道得知了。和平的生活瞬间被打乱了，有的人认为拿破仑去瑞士了，梅特涅则认为，拿破仑必然是重回法国。事实证明，梅特涅的猜测是对的。

1815年2月26日夜晚，拿破仑巧妙地躲过了波旁王朝军舰的监视，率领一千零五十名官兵，分乘六艘船，离开了厄尔巴岛。3月1日，拿破仑抵达了法国南部的儒昂湾，望着辽阔的海岸景象，拿破仑感慨万千。面对着追随他的一千余名官兵，拿破仑发表了斗志昂扬的演说。

"士兵们，我们没有失败！每时每刻，我都在倾听你们的声音，为了今天，我们历经重重艰苦！今天，这个伟大的时刻，我们终于回来了。来吧！让我们并肩奋战！胜利和荣誉将属于你们！重新举起大鹰旗帜，摧毁波旁王朝，幸福自由的生活由我们自己来争取！"

士兵们热血沸腾，开始向巴黎进军，途中，一些拥护拿破仑的平民也拿起武器，加入队伍。路易十八惊恐万状，急忙派出军队阻击拿破仑，但这些军队大多是拿破仑的旧部，一枪没放就转而支持拿破仑。3月5日，法军的两个步兵师投靠拿破仑。3月14日，内伊元帅带领六千名官兵向拿破仑投诚。

一路上，拿破仑发表演讲，宣布自己今后不再向外扩张，将给国家带来和平，他本人也不再实行专制，国家的政治体制改为君主立宪制，人民的自由将得到充分保障。路易十八仍旧抱着希望，派军前去拦截，但是所有的部队一见到拿破仑就临阵倒戈，康巴塞雷斯、马雷、苏尔特元帅、达武元帅等文臣武将都回到了拿破仑的麾下。

3月19日，路易十八逃出巴黎。20日，拿破仑在军民的簇拥下进入巴黎，重新登上王位，"百日王朝"开始了。此时，拿破仑手下的正规军规模已经达到十多万人。这是拿破仑的又一个巅峰，同时也是他的最后一个巅峰。

上一年，拿破仑被流放厄尔巴岛，反法同盟的君主们弹冠相庆，他们以为拿破仑再也没有机会爬出深渊了。此后的维也纳和会上，这些人吵得面红耳赤，甚至有大打出手的迹象。

现在，拿破仑重登王位的消息犹如一颗重磅炸弹，各国的君主们立刻将各自的矛盾搁置，联合起来对付拿破仑。君主们从没有料到，拿破仑在法国人的心目中已经接近于神，不费一枪一弹就能开进巴黎，这样的奇迹堪称空前绝后，也只有拿破仑才能做得到。

当年三皇会战结束之后，欧洲各君主对拿破仑心生恐惧，此刻，他们的恐惧比那时增加了一倍。虽然拿破仑一路上表达了和平主张，希望借此和缓各国的敌意，但是各国早已把拿破仑看成了"科西嘉怪物"，他们不能与这个怪物友好相处，更何况，纵虎归山，将成大患，他们不能允许这样的情况发生。

随后，包括威灵顿公爵在内的十八位贵族，以八个国家的名义宣布拿破仑是和平的扰乱者，是歹徒和罪犯，不受任何法律保护。3月25日，英国、沙皇俄国、普鲁士、奥地利、荷兰、比利时等国，结成了第七次反法同盟，并开始调集兵力。

威灵顿注定是这场重头戏的主角，虽然有人提议让他担任一个相对闲散的职位，但威灵顿毫不客气地拒绝了，他说自己宁愿端着一支步枪冲向战场。那些曾在伊比利亚半岛奋战过的英军，大部分都开到了美洲的加拿大，所以这一回，威灵顿能指挥的是一支由各种武装汇合而成的队伍，眼下最需要做的，就是整训这支杂牌部队，并补充装备。

4月初，威灵顿的马车穿过泥泞的道路，抵达了布鲁塞尔。那支混合部队就驻扎在布鲁塞尔与蒙斯之间，除了筹划战备，威灵顿办了很多场舞会，来的嘉宾都是狂欢到半夜才回各自的家。在别人看来，威灵顿胸有成竹，非常自信，再次进军巴黎易如反掌。但实际情况让威灵顿也很是懊恼，原因就是他的这支混合部队有太多令人不满意的地方。

威灵顿的部队共有六万八千余人，其中英军两万三千余人，英王德意志人兵团七千三百余人，荷兰九千四百余人，比利时四千余人，纳索五千六百余人，布伦瑞克六千余人，汉诺威一万两千余人。整个队伍一共使用五种语言，而且很多人压根没有战斗经验。

在这些盟友里面，只有德意志人兵团的整体实力与英军齐平。不过，威灵顿对英军也不太满意，两万三千余人里面，只有四分之一在伊比利亚半岛服役过。威灵顿还不断催促军需部门，那里的人还算配合，到了开战前期，威灵顿拥有的各类火炮达到了两百门。

此外，军事参谋人员也让威灵顿感到不满，他公开抗议道："素未谋面的人快把我的指挥部塞满了，把这些我不喜欢的人弄来，难道是故意的吗？"官方耐心地给予配合，把那些威灵顿提到的人都调走了。最后确定下来的参谋人员，几乎都在伊比利亚半岛有工作经验。

经过煞费苦心的准备，威灵顿像做拼图游戏似的整合了部队，现在，它终于呈现出了稳定性，作为指挥官的威灵顿也增长了一些信心。在5月份给家人的信中，他写道："目前，我在比利时的作战力量接近七万人，布吕歇尔元帅的军队达到八万人，我们像两只拳头，或许可以很好地对付拿破仑。"

有一天，在布鲁塞尔的一个公园里，威灵顿散步时遇到了英国的政治人物克里维先生。克里维问道："恕我冒昧，公爵先生，您能赢得胜利吗？"

这是一个很直接的问题，不过威灵顿并不感到介意。他没用思考就回答道："我觉得我和布吕歇尔能够做到。"随后，克里维在谈话中又提到了逃亡在比利时的路易十八王室。威灵顿很不喜欢这个话题，他说道："不要提那些家伙！他们是一帮废物！布吕歇尔和我可以做得到。"

这时，公园的小路上有一名英军士兵，身穿红色的军大衣，正在看着什么。威灵顿指着那个士兵，对克里维说："这些士兵决定了我们到底能不能打赢，如果兵力充足，我可以立军令状！"

其实，在威灵顿的心里，他还在想着跟随他征战伊比利亚半岛的那四五万英军。

反法同盟已经基本上准备就绪，除了威灵顿和布吕歇尔的两大兵团，巴克雷指挥四十二万俄奥联军在莱茵河方面集结，随时可以进攻法国的阿尔萨斯和洛林地区。弗利蒙指挥六万撒丁军，在法国和意大利边境上集结。至此，反法同盟联军的总兵力接近七十万，并约定在6月20日前后统一行动。

拿破仑也在紧急备战，到了6月上半月，他的大鹰旗帜下，已经集结了十八万人，拿破仑觉得兵力还不够，他希望短时间里能争取到五十万人，但是他已经来不及了，而且一些经验丰富的中层将领厌战，不愿意再加入到他的队伍里了，这对拿破仑是不利的。

面对着联军铺天盖地的阵容，拿破仑进行了认真的分析，他觉得最大的威胁是威灵顿和布吕歇尔，如果打垮了这两支部队，其余的联军就好对付了。至于莱茵河方面和意大利边境上，只需派出一部分法军进行牵制即可。要趁着联军还未汇合，主动进攻，由被动变为主动，拿破仑大军即将出发了。

布鲁塞尔的人们感到不安，因为始终搞不清楚边境那边的法国到底是个什么情况。派出去的间谍带回来了大量的情报，在威灵顿的办公桌上，这些情报几乎堆成了小山，而且真假难辨。根据情报，拿破仑像幽灵一般，同时出现在不同的地方，法军也一样，在边境地区神出鬼没。

威灵顿觉得这些情报简直就是垃圾，更让他难受的是，双方虽然剑拔弩张，但是还没有正式宣战，就像他自己说的："现在的形势既不是战争，更不是和平。用巡逻的方式接近法国人是不合适……贸然采取联合行动也很困难。目前，我只能让部队保持警觉，距离也不要太远，一旦敌人来攻，部队可以迅速靠拢，不被分割。"

　　威灵顿之所以这样做，也是考虑到了国内的政治因素，如果没有足够的出兵理由，国内的反对派会把"好战分子"的帽子扣在他头上。部队在布鲁塞尔的村庄里等待着，除了日常的军务，就是休闲和品尝香槟酒。威灵顿很忙碌，他有各种文件要处理，还要想方设法完善战备。

　　6月15日下午，威灵顿得到消息，在普鲁士元帅布吕歇尔的正面，法军已经越过了边境。威灵顿随即下达命令，部队向卡特勒布拉（也称为四臂村）移动。空气中弥漫着一股火药味，而且越来越浓。威灵顿和将领及参谋人员工作到傍晚的时候，但他本人还是出现在稍后举行的舞会上。

　　坐在舞会沙发上的威灵顿有一点心不在焉，有时，他像想起了什么似的，转头向他的副官下达命令。舞会结束，到了吃晚餐的时间，就在此时，更多的消息传了过来。威灵顿客气地对宴会主人说自己有事情要忙，然后来到作战指挥室，与他的部将们围拢在地图前面。

　　威灵顿神情严肃地说道："拿破仑动作很快，已经向比利时方向行军了二十四小时。"在场的军官们听罢，吃了一惊。威灵顿随即命令部队向卡特勒布拉一线集结，他又指着地图上的霍古蒙特和拉海圣，说道："在这个地方，同拿破仑的血战不可避免。"

　　布置完毕后，已经是凌晨两点钟，威灵顿去休息了。他只睡了三个多小时就起来了，这是6月16日的早晨，部队开始陆陆续续地出发。中午之前，威灵顿到达了卡特勒布拉。布吕歇尔元帅的普鲁士军团在距离几英里外的林尼列阵，威灵顿带着卫兵，骑马赶到了林尼。

　　普鲁士军团布置在一片山坡的开阔地上，布吕歇尔显然没有认真研究过周围的地形，以及这样排兵布阵是否合适。威灵顿看完之后感到焦虑，他和布吕歇尔是盟友关系，并不是上下级，所以只能以建议的口吻和布吕歇尔说话。威灵顿说道："了解自己的部队是每一个带兵之人都必须要做的，如果阁下这样安排部队，是在给敌人以可乘之机。"

不过，布吕歇尔性情孤傲，威灵顿的话他也没有听进去。威灵顿随即返回卡特勒布拉，吃过了午饭，侦察兵快马来报，法军内伊元帅正往这里进发，拿破仑则率主力去林尼，攻打布吕歇尔。拿破仑的战略意图很明显，先让内伊牵制攻击威灵顿，自己则歼灭普鲁士军，然后转回头来夹击威灵顿。

当天下午2点，法军开始进攻，凶猛的骑兵直扑卡特勒布拉的外围阵地。热米翁库农庄是一个很重要的阵地，由荷兰比利时联军守卫，统领是奥伦治亲王。威灵顿在战前就曾说过，荷兰比利时军队的作战能力太差。果然，只坚持了不长时间，奥伦治亲王就率败兵逃出阵地。

威灵顿沉着应对，尽可能采用防守战挡住内伊的进攻，并等待后续增援部队到来。他的三个苏格兰高地步兵团守在战壕后面，威灵顿大声喊着命令，指挥士兵何时隐蔽，何时开火。内伊的骑兵反复冲击，也无法打乱英军的布置。

下午3点多，英军将领皮克顿带着一个师从布鲁塞尔赶来，威灵顿命令他迅速反击法军。皮克顿师有很多在伊比利亚半岛打过仗的老兵，皮克顿本人也是威灵顿的老部下了，不顾征途疲劳，这个师立即横队反攻，法军骑兵一时间里被压制下去了。

作为英盟军的布伦瑞克人坚守着一片树林，在法军的攻击下，部队溃散了。布伦瑞克公爵纵马奔走，想重新让部队集合，他本人暴露在法军的火力之下，结果阵亡了。这里成了缺口，法军的一部从这里运动，打算包抄战斗力最强悍的英军。

双方一直战至黄昏时分，英军的骑兵和炮兵相继赶来增援，使战场上的兵力达到三万余人。法军先后投入兵力两万人，最后精疲力竭，内伊命令部队撤出卡特勒布拉地区，来日再战。6月16日的卡特勒布拉之战，威灵顿的部队有四千六百人伤亡，相比于所取得的战绩，这已经是不大的代价了。

同时间进行的林尼战役规模要更大一些，布吕歇尔有八万七千人，拿破仑有七万八千人，双方大致旗鼓相当。法军的炮火非常猛烈，战斗一开始就进入白热化，双方士兵贴身肉搏，反复厮杀。拿破仑亲临前线督战，随后，法军的胸甲骑兵渡河之后，将普鲁士军团分为两段，使其首尾不能相顾。

支撑了一阵后，普鲁士军全线崩溃。布吕歇尔的坐骑被子弹打倒，他本人摔下马来，浑身青肿。普鲁士骑兵骁勇异常，拼力阻击法军，掩护布吕歇尔和中军撤退。普军的右翼部队一直坚守到当天深夜，然后才撤走。

在林尼战役中，普鲁士军团伤亡一万四千人，法军伤亡一万一千人。拿破仑虽然赢了这一场，但并未达到他的原来目标，他是想打一场歼灭战，结果是一场击溃战。拿破仑反复斟酌战场态势，充分地估计到了败走的布吕歇尔仍然是一个巨大隐患，为此，他命令格鲁西元帅带一部兵马追击普鲁士人，最重要的是，要防止布吕歇尔向威灵顿靠拢。

格鲁西出生于1766年，大革命时期是一个下级军官，1794年，他升任少将。从军二十年以来，格鲁西参加过大大小小的许多战役，他取得过一些成绩，但是特别出众的战功是没有的。这个老实可靠的人之所以能一点点高升，大多是因为他的上司相继在战斗中阵亡。1815年4月15日，也就是滑铁卢开战前两个月，格鲁西被拿破仑封为元帅。

　　拿破仑早期那些能征惯战的将帅，有很多已经长眠于地下，还有一些厌倦了戎马生涯，呆在自己的庄园里安逸度日。这样，并不出众的格鲁西被拿破仑委以重任，拿破仑明白格鲁西是一个循规蹈矩的人，所以给他的命令也异常清楚，追击普鲁士军，阻止其与威灵顿汇合，而且不要离法军大本营太远，一旦战事吃紧，就可以迅速和主力合兵。

　　6月16日夜晚，在卡特勒布拉恶战了一天之后，威灵顿和他的部队终于可以喘口气了。不过，随后传来了布吕歇尔失利并撤退的消息，两个战场，一胜一败，相互抵消了。威灵顿叹了一口气，说道："布吕歇尔一口气跑出了几十公里，躲藏得挺安全。我们也必须撤退。恐怕英格兰会有人说我们被痛扁了，但是，现在管不了许多了。"

　　17日早晨，威灵顿下达了撤退的命令。依照习惯，他还是让官兵们吃完了早饭，这样才有力气长途跋涉。先是步兵撤退，最后才是骑兵，因为可以快速机动，骑兵总是担任殿后任务。这天早上阳光灿烂，威灵顿从容不迫，他偶尔翻看旧报纸，偶尔用望远镜观察法国人是否有动静。

　　他的步兵已经撤退完毕，威灵顿松了一口气。拿破仑本打算对威灵顿发起总攻，但迟迟没有准备妥当，直到下午2点，法军终于探察到英盟军正在有序地向布鲁塞尔方向撤退。拿破仑闻讯大怒，立即上马，带近卫亲兵追赶，同时命令内伊截击威灵顿的殿后部队。

　　天气也变化了，乌云密布，暴雨随即倾盆而下。道路上一片泥水，威灵顿不敢稍作停留，督促部队迅速撤到有村庄的地方。法国人紧跟在后面，就这样，双方来到了将决定命运的地方——滑铁卢。

随后，已经停住脚步的英军和尾随而来的法军短兵相接，在热纳普村，法军突破了英军的阻击。英军的第七骠骑兵团发起冲锋，被法军的枪骑兵击退了。拿破仑疾驰而至，他已经浑身湿透，帽子和大衣上全都是水。他顾不得这些了，大声督促法军进攻，想趁威灵顿立足未稳，一举将其歼灭。

黄昏时分，拿破仑来到了滑铁卢山对面的山坡上，虽然山谷里一片泥泞，但求胜心切的拿破仑命令第一波攻击部队进入山谷，威灵顿命令炮兵开火，法军的攻击部队被迫退回。

夜幕降临，无论对于英军还是法军，都不适宜再战，这一晚将在紧张和平静之中度过。雨早就停了，英军的宿营地上一片潮湿，还好，官兵们可以吃饱肚子。士兵围在篝火前面，烘烤着身上的衣服。

在伊比利亚半岛服役过的老兵们，对这种艰苦的露营生活习以为常，他们看着那些新兵，有的开玩笑说道："嗨，可怜的孩子们，这种小把戏我们在西班牙早就经历过啦！"还有的说道："公爵对你们的细皮嫩肉于心不忍，换成是比利牛斯山，你们该如何是好呢？"

威灵顿可没有闲情逸致开玩笑，他知道天一亮，将是生死存亡、性命攸关的一天。他的副手尤布利奇问他有什么对策，威灵顿没有回答，他反问尤布利奇："你觉得明天谁会率先进攻，是我还是拿破仑？"

"拿破仑。"尤布利奇不假思索地答道。

"很好，我不知道拿破仑会采用什么方式，我的方式将因他的方式而变。所以，我现在是没有计划的。"威灵顿站起身来，把手放在尤布利奇的肩上，诚恳地说道："可以肯定的是，无论情况变成什么样子，我和你都将忠诚于我们的责任。"

凌晨3点的时候，威灵顿被叫醒了，原来是普鲁士军团的信使送来了布吕歇尔的书信，布吕歇尔表示，等到天一亮，他就出动一个军向法军的右翼进攻，另外三个军也将紧随其后。看完了来信，威灵顿露出了喜悦的笑容，如果布吕歇尔能准时前来，那么英军的压力会减少很多。不过，即使布吕歇尔失约，威灵顿也不打算后退了。

2. 6月18日的血战

黎明到来了，拿破仑很乐观，而且充满自信。早晨8点钟的时候，拿破仑和他的将帅们共进早餐，关于下一步的作战，每个人的意见都不一样。内伊认为威灵顿会再次撤退，苏尔特则显得心事重重。拿破仑说道："威灵顿一定会失败，他已经没有可打的牌了，这对我们是好事。"

苏尔特一直有些不安，他向拿破仑建议道："陛下，威灵顿不可小视，我建议立即召回格鲁西元帅的人马，加强我们的攻击力量。"拿破仑有些轻蔑地看着苏尔特，说道："你当过他的手下败将，所以认为他厉害。要我来说，威灵顿是个无能的将军，英军士兵更是饭桶，打败他们就像喝一杯酒那么容易。"

"但愿是这样，我的陛下。"苏尔特十分失落，凭着职业军人的直觉，他说不出哪里不对劲，却总是自信不起来。拿破仑那样说，也并不是不重视威灵顿，他只是想在战略上藐视对手，给手下人打气。但是，后来的事实证明，如果拿破仑能听取苏尔特元帅的意见，战局极有可能是另一番样子。

法军将领雷耶在伊比利亚半岛征战过，对于威灵顿的"后坡战术"，他是再熟悉不过了。那天早上，他来晚了一些，没有听到拿破仑的那番豪言壮语，不过，他在观察了英军的阵地之后，心里感觉十分不舒服，因为英军的阵地设在一个斜坡的后面。

雷耶向拿破仑进言道："英军很有可能重复他们在西班牙的打法，除非他们觉得可以出来了，否则他们就一直呆在斜坡后面，这很麻烦。"拿破仑这时候似乎听不进去任何意见了，他满脑子就一个想法，全军冲上山坡，歼灭英军，活捉威灵顿。

法军已经列阵完毕，拿破仑骑马检阅部队，士兵们斗志昂扬，"皇帝万岁"的呼声此起彼伏。拿破仑扬起他的帽子，大声喊道："士兵们！我们今晚去布鲁塞尔吃晚餐！"相比之下，英军的阵地要安静得多。双方的实力对比是，法军七万人，有二百六十六门大炮。威灵顿有六万三千人，一百五十六门大炮。

上午11点钟，法军的一个师发起了攻击，威灵顿本以为拿破仑会采取什么新鲜战法，结果还是老式战法，法军攻击部队排成直线，向山顶前进。这样的情景，威灵顿在半岛时期已经见过多次了，所以，他也按照老办法，先让步兵在山脊后面等待，法国人进入射程，迎头齐射，然后用刺刀战把法国人赶下山。

威灵顿骑着他的战马，来回奔驰，亲自指挥战斗。霍古蒙特和拉海圣两个外围阵地，战况也是异常激烈。法军将领戴尔隆的四个师，在炮火的掩护下，以营为单位，蜂群一般扑向拉海圣。拉海圣的果园地带被占领了，随后，拉海圣的农舍遭到密集攻击。

威灵顿此时正在农庄的北面，看到拉海圣情势危急，他命令一个汉诺威营前去支援。可这个营却在途中被法军胸甲骑兵冲散，开始往回逃。法军骑兵一直追到山坡，有一支三千人的荷兰比利时联合部队也遭到重创，开始溃散。英军的皮克顿师在关键时刻挺身而出，向法军发起反击，奋力站稳了脚跟，但皮克顿本人不幸阵亡。

英军的数个骑兵团及时发起反攻，法国人死伤惨重。有一支英军骑兵趁势冲到了对面山坡，那里是法军的炮兵阵地，英军追砍着炮手，还破坏了几十门大炮的绳索。拿破仑在望远镜里看到英军攻势凌厉，随即派出一支强大的龙骑兵和枪骑兵部队，扑向了英军的突出部分。

相比于阵地攻防战，法军更喜欢这种贴身肉搏。在法军的优势围攻下，英军少将庞森比和他手下的数百骑兵全都战死了。威灵顿见自己的战线出现空缺，急令兰博特和他的一个旅上阵，这个旅的骨干是参加过半岛战争的老兵。战场形势陷入胶着状态。

霍古蒙特阵地由一片树林和一座大宅院构成，下午1点钟，法军已经攻占了那片树林，随后进攻大宅院，守卫在那里的纳索和汉诺威人顽强抵抗，法军始终无法攻入大门。最后，法军将领雷耶调集一万三千人，从三面围攻霍古蒙特大屋，守军渐渐支撑不住了。

威灵顿早已看到了这个情形，他转头对一名部将说："如果赢得胜利，这些盟友功不可没，我们要与他们肩并肩！"随即，威灵顿命令英军近卫军增援霍古蒙特，在得到了增援后，法军一波又一波的进攻都被打退了。

这时，拿破仑想起了苏尔特元帅的建议，觉得确实有必要调援军，便立即写了纸条，命令格鲁西的三万人马迅速赶来，与主力会合。他叮嘱传令兵，一定要尽快把命令交到格鲁西的手上。

英军中路和右路的炮兵阵地多次被法军占领，然后又夺回来，反复易手达到十次之多。不过，法军士兵每次都没有带几把大锤子，也没有人提醒他们这一点，如果用锤子把大炮的轮子砸坏，那么大炮就变成了摆设。可惜的是，连拿破仑也没有想到这一层。当英军最后一次夺回这些大炮时，便用这些完好无损的大炮向法军开火。

到了下午3点多，因为始终无法攻破英军的两翼阵地，拿破仑便集中所有力量攻打英军的中央阵地。法军元帅内伊的万余骑兵不断地向英军冲锋，内伊的战马先后死掉三匹，可这个勇士依旧毫无畏惧，继续率队冲锋。

此时的威灵顿稳稳地骑着马，呆在圣约翰山高地的一棵大树下，那里是整个战场的制高点。法军的炮弹在不远处爆炸，威灵顿的一个副官就是中炮身亡的，可威灵顿仍旧稳稳地骑在马上。

威灵顿的部将罗兰德·希尔有些担忧，他说道："司令官，如果您遭遇不测，该怎么办？"威灵顿答道："接替我的位置，像我一样去做。"布吕歇尔曾约定天一亮就赶过来，可直到此时，普鲁士人也没有动静。威灵顿想要做的，就是让法军精疲力竭，然后把自己的预备队全部压上，给拿破仑致命一击。即使布吕歇尔不来，英军也要争取胜利。

战场上双方士兵的尸体已达上万具，可谓尸骨成山，血流成河。威灵顿不为所动，即使看到法军骑兵疯狂砍杀英军步兵，他也只是冷冷地说道："法国人的确出色！"战至当天下午6点，在英军密集的火力网下，法军的进攻不知被打退了多少次。

此时，法军已经疲惫不堪，拿破仑急切希望格鲁西的三万人马开到，但是始终没有音讯。拿破仑开始孤注一掷，在他看来，威灵顿也是精疲力竭，就看谁能成为压垮对方的最后一根稻草。随后，拿破仑命令内伊带领近卫军冲锋，法军近卫军是拿破仑的精锐，也是他最后的预备队。

内伊带领近卫军方阵，沿着先前骑兵进攻的路线前进，在英军的炮火之下，这些身经百战的法军将士毫不畏惧，一拥而上，突破了山脊上的英军炮兵阵地。拿破仑的参谋人员见状，以为得胜了，开始欢呼起来。可是，隐蔽在斜坡后面的三个英军步兵方阵突然站了起来，向法军近距离齐射。法军士兵血肉横飞，再次退下山来。

在败退的过程中，法军的意志崩溃了，像多米诺骨牌一样，恐慌迅速延伸。内伊骑马奔驰，希望稳住阵脚。威灵顿喜悦地惊呼起来，时机终于成熟了。英军的步骑兵全部冲下山来，威灵顿将最后一支预备队——苏格兰高地骑兵师也全都压了上去。法军全线崩溃，拿破仑声嘶力竭地叫士兵稳住，但是也阻挡不了漫山遍野的四散奔逃。

此时，太阳刚刚落山，暮色苍茫之中，威灵顿摘下帽子，指着败逃的法军，命令部队全力追击。有一个部将问道："我们该走哪条路？"威灵顿答道："一直向前，肯定不会错。"

当晚9点钟，布吕歇尔的普鲁士军团终于赶到了。在这之前，普军在普瓦尚努瓦村遭遇法军顽强阻击，用了很长时间才突破过来。当布吕歇尔遇见疲惫不堪的威灵顿公爵时，用并不熟练的英语说了一句"我亲爱的盟友"，用以表达对英军的敬意，和对自己失约的歉意。

威灵顿的部队伤亡近三分之一，余下的也都没有什么力气了，到了索罗姆以南就停了下来，把追击拿破仑的任务让普鲁士人去做。普鲁士官兵因为林尼战役的失败，此时此刻满是复仇之心。这是一个有月亮的夜晚，趁着月光，普鲁士人疯狂追杀，那些掉队的法军全被砍了脑袋。

拿破仑想扎营稳住阵脚，连续七次都没有成功。当他逃到卡特勒布拉时，想重新集结部队，但是普鲁士骑兵呐喊着追了过来，无奈之下，拿破仑只能继续逃跑。他的脸色苍白得像死人一样，满脸都是泪水，这位"欧洲雄狮"从没有如此狼狈过，也从没有如此痛苦过。在他的身后，还有一大群法军官兵紧紧跟随，大约有一万人，这是拿破仑身边仅存的武装了。

在另一边，威灵顿带着他的部下，缓慢地骑着马，回到了滑铁卢。人们没有兴奋的欢呼，因为累得连话也不想说了。吃晚饭的时候，桌子和椅子都是按照从前那样摆放，往日里，将领和参谋人员会坐得满满的，但是这一晚，很多椅子都没有人坐，可见损失之惨重。

威灵顿面色阴郁，吃得也很少，还时不时地向门口张望，人们知道，他是希望那些没有来的人能突然出现，但是直到晚餐结束，一个也没有来。默默地吃完了饭，威灵顿起身离开，他感叹地说道："我还活着，是因为今天上帝的手放在了我身上。"

回到自己的房间，威灵顿开始写战报，写好后，以急件送往国内。副官把伤亡名单送来了，威灵顿没有看，而是倒在床上睡了起来，他太累了。天空放亮时，威灵顿起来了，他拿起了伤亡名单，上面的名字是皮克顿、庞森比、巴恩斯、德兰西、埃里、戈登……威灵顿几乎失去了自制力，其中的很多在半岛战争时，就是他的老部下了，伤亡从来没有这般惨痛！

早餐过后，威灵顿快快不乐地骑上马，前往布鲁塞尔。他又遇见了克里维先生，威灵顿没有食言，他曾经说过"我和布吕歇尔能行"，他真的打赢了。在克里维的房间里，威灵顿严肃地说道："这是我一生之中最凶险的拼杀，完全是硬碰硬。"

随后，威灵顿又解释了17号那天早晨为什么从卡特勒布拉撤退，他说："16日的傍晚，布吕歇尔被打得很惨，以至于第二天早晨完全联系不上他，所以我不得不后撤，好同他保持策应。"此时，威灵顿依然在想着那些捐躯沙场的将士们，心里很不安，在屋子里不停地来回走。

克里维先生变得小心翼翼，他问道："法国人是不是比以前更加勇猛？"威灵顿答道："不是的，从许多年前，我第一次见到他们，他们就是那样疯狂地战斗。天啊！如果我没有在前线，我们就输定了！"

3. 战役的尾声

　　滑铁卢战役结束了，但是有一个人不得不提一下，那就是法军元帅格鲁西。他遵照拿破仑的命令，带着所部三万人马，按照预计方向追击布吕歇尔。可是，普鲁士军队的踪迹始终没有被找到。

　　18日的早晨，也就是滑铁卢大战的那一天，格鲁西正在一户农民家里吃早饭，突然，从远处传来了沉闷的响声，那是大炮的声音。根据经验判断，大约距离三个小时的路程。几个军官趴在地上，耳朵贴近地面，试图弄清楚炮声的具体方向。随着时间的推移，沉闷的响声越来越频繁。

　　格鲁西和将领们商量对策，很多人都想到了，极有可能是皇帝陛下正在与威灵顿开战。副司令官热拉尔劝说格鲁西，立即命令全军向炮声的地方前进。另一个军官同意热拉尔的意见，还强调动作一定要快。

　　格鲁西犹豫不决，他早已习惯了按命令办事，拿破仑给他的命令是追击撤退的普鲁士军团，他不想擅自做决定。热拉尔情急之下，怒气冲冲地说道："马上向炮声的方向前进！"口气完全是命令的口吻。当着各级军官的面，格鲁西感到很下不来台，他严厉而又生硬地回道："在皇帝没有下达新的命令之前，我只履行先前的命令。"

军官们大多愤愤不平，可是格鲁西是军事主官，没有他下令，别人无法调动军队。热拉尔一会坐下，一会又跑出门去听炮声，急得坐立不安，最后，他恳求格鲁西："元帅，请允许我带领自己的一个师出发，去看看那里到底发生了什么，如果一切无事，我会尽快赶回。"

格鲁西没有考虑，他摆了摆手说："兵力有限，再分兵是不负责任的，而且我们的任务是追击普鲁士人，不是别的。"军官们都沉默了，屋子里一片寂静。拿破仑应该可能得到的胜利，也在这种寂静中消逝了。

随后，格鲁西继续带队寻找普鲁士人，但是，让他感到困惑的是，普鲁士人一直没有出现。时间一分一秒地过去，格鲁西自己也开始不安，而且根据刚刚反馈回来的情报，普鲁士军团已经兵分几路，向滑铁卢的方向转移。情况已经再明显不过了，如果此时格鲁西下决心去滑铁卢，一切都还来得及。

但是，他的循规蹈矩压住了一切，他要等待皇帝的传令兵过来，命令他不惜一切代价增援。只有那样，他才能够焕发出一个勇者的魄力。隆隆的回声在空气里震颤，拿破仑的命令始终没有到达。就这样，拿破仑在滑铁卢孤注一掷的时候，格鲁西和他的三万人马却在漫无目的地徘徊。

格鲁西仍然不清楚滑铁卢那里到底发生了什么，他惶恐不安地骑马走着，军官们都不愿意和他说话，因为之前的建议都被他否决了。太阳快落山的时候，格鲁西的人马来到了瓦弗附近，他们遇到了一支孤立的普鲁士部队，这是布吕歇尔的后卫军队。

所有的法军官兵都以为挽救危局的时刻到了，发了疯一般地冲向普军，到了深夜，这支普军的后卫部队被彻底扫荡。可是，法军却没有几个人欢呼，似乎很多人都觉察到，这个局部的胜利对于整个大局来说，或许没有什么作用了。滑铁卢的方向沉寂下来，已经听不到炮声了。

又过了一会儿，那个迷了路而又忠于职守的传令兵终于到了，他气喘吁吁交给格鲁西一张纸条，是拿破仑命令他不惜一切代价来滑铁卢增援。不过，它现在和废纸是一样的。格鲁西知道，滑铁卢的大战已经结束，而且是具有决定性的，他还在猜测，或许是皇帝陛下赢了这一仗。他没有想到，此时的拿破仑正领着一万残军逃避追杀。

从深夜到黎明，格鲁西还在等待，他的部队也白白等了一夜。19日的早晨，得胜的威灵顿已经骑马去布鲁塞尔了。格鲁西部队离开营地，继续前行，官兵们都垂头丧气。上午10点钟，法军总参谋部的一个军官骑马奔来，已经是人困马乏。格鲁西急忙让人把他扶下马，问了一大堆问题。

那个军官几乎失控了，全身颤抖，缓了一会，他断断续续地报告了皇帝陛下的惨败。格鲁西把军刀插在地上，支撑着自己，痛苦和悔恨使得他浑身发抖，苍白的脸上渗出了汗珠。这种情绪同时也激发了格鲁西作为一个军人的全部能量，他要弥补过失，要把这三万人马完完整整地带回去，因为这是仅存的有生力量。他还要帮助皇帝陛下重整旗鼓。

布吕歇尔的大军在向他开来，希望能将法军彻底歼灭。此时的格鲁西仿佛脱胎换骨一般，所有的命令都表达得清清楚楚，在数倍于己的普鲁士人面前，他成功地带领部队脱离险境，而且没有丢弃一门大炮。由此可以看出，格鲁西是有指挥才华的，只是他守成有余，进取的魄力不足。

不过，一切都晚了。反法联军开向巴黎，议会也不允许拿破仑继续执政。6月22日，拿破仑宣布退位，随后，法国组建了临时政府。6月25日，临时政府的总理告诉拿破仑一定要逃出巴黎。布吕歇尔对拿破仑恨之入骨，一心想把他杀掉，他于29日派出特勤部队，希望能劫住拿破仑，但是没有成功。

相反，威灵顿的看法十分高瞻远瞩，他既不同意枪毙拿破仑，也不同意布吕歇尔的火烧巴黎的计划。在威灵顿看来，这场大规模的战斗是为了重建和平，而不是激化矛盾。作为占领军总司令，威灵顿反对签署惩罚性的条约，他说道："扰乱和平的是拿破仑及其追随者，并不是法兰西人民，惩罚法兰西人民是不人道而且毫无意义的。"

此外，威灵顿还提出组织贷款，帮助法国新政府脱离财政困境，还有在三年后完全撤出占领军等政策，这不仅使他获得了法国人的尊敬，也使他在欧洲各国的威望达到巅峰。在军事界，人们把威灵顿比拟为击败汉尼拔的罗马帝国名将大西庇阿。

拿破仑打算乘船逃往美国，但是7月7日，他被英军逮捕了。7月8日，路易十八在联军的保护下，回到巴黎重新登位。至于囚禁拿破仑的地点，还没有确定。威灵顿认为应该把拿破仑囚禁于印度的马德拉斯，而且如果有可能，他还想与拿破仑见上一面。但是，这个历史性的会面没有如愿。

7月15日，英国军舰"博雷芬号"搭载拿破仑离开法国，去往英国。跟随拿破仑的有四个随从，分别是贝特朗、拉斯佳斯、蒙托隆还有古格尔。途中，拿破仑对贝特朗说道："威灵顿公爵的治军才能与我不相上下，而且他更加小心谨慎，这一点上，我不如他。"

同样，也曾经有人问威灵顿，在这个时代里面，谁堪称是最伟大的将军？威灵顿答道："不论是这个时代，还是过往的年代，或者任何一个时代，这个人都是拿破仑。"

到了英国，拿破仑仍旧被禁于船上，英国政府不允许他上岸。

7月28日，根据巴罗海军上将的建议，圣赫勒拿岛被确定为拿破仑的流放地。7月31日，拿破仑接到书面通知，知道了自己的余生将在哪里度过。到了8月7日，英国军舰"诺森巴兰号"搭载拿破仑，一路向南，把他送到了圣赫勒拿岛。

圣赫勒拿岛与非洲大陆隔海相对，早在1805年的夏季，从印度返回的威灵顿，曾经途经这个岛，并小住了一段时间。现在，这里变成了拿破仑的流放地。历史往往就是这样巧合，让人感叹。

上岸后，拿破仑先是寄居于一个商人家里，后来，他自己有了一座庄园。在这里，拿破仑不可能再逃出去了，他也没有逃跑的打算，滑铁卢战役使得他彻底绝望，他意识到自己的辉煌已经烟消云散了。此后，他就在庄园里潜心撰写回忆录，整理的工作是由拉斯佳斯完成的。1821年5月5日，拿破仑在圣赫勒拿岛病逝。

第七章　威灵顿进入内阁

1. 占领时期

1816年春季，威灵顿离开巴黎，把他的占领军司令部迁到了法国斯海尔德河畔的康布雷。办公桌上堆满了各种文件，等待他处理。公务和社交休闲，就是他在法国生活的总结。当年仲夏，威灵顿得到了回国休假的机会。他是在多佛港上岸的，如同以往一样，人们向他欢呼。

哥哥理查德的家在肯特郡，威灵顿最先去了那里。理查德已经快满六十岁了，他不再担任什么职务，而是过着田园生活。7月，威灵顿去了伦敦，摄政威尔士亲王请他吃饭，此外，还有各种各样的宴会。为了庆祝滑铁卢战役的胜利，还举办了一场有些特别的盛大晚宴。

出席那场晚宴的不仅有绅士淑女，还有很多立了军功的官兵。吃点心之前，佣人在每个人的面前都放了一碗清水，这是用来洗手的。一个农家出身的士兵不懂这个，端起碗喝了一口。那些有头有脸的宾客们看到这个情景，都忍不住窃笑起来。

当得知了自己的失仪，那位士兵满面通红，局促不安。威灵顿见状，端起面前的那碗清水站了起来，大声说道："女士们！先生们！让我们一起举杯，为这位勇敢的战士干一杯吧！"说罢一饮而尽。尴尬的气氛一扫而光，宴会上响起了热烈的掌声，威灵顿的风度令在场的每一个人都深深折服。

之后，威灵顿去了威尔沃克温泉疗养地，妻子基蒂和孩子们也来到那里。基蒂在给朋友的信中写道："回到英格兰后，他的精神和身体都还不错……孩子们正好放暑假，他们对父亲很亲昵，毫无陌生感，这样的情景让我很高兴。一家人一块散步聊天，一起玩耍……"

威灵顿已经很多年没有享受过家庭的欢乐了，所以在这个夏天，他完完全全是一个温和的父亲。威灵顿自己这样说道："十五六年来，我一直都在部队里面，几乎从没有中断过。所以，在考虑我的责任时，我不得不把私事都放在一边，希望这样的做法没有使我变得冷酷无情……"

休假结束了，威灵顿返回法国，继续做他的占领军总司令。从这时起，直到1817年结束，威灵顿主要忙碌于法国的赔偿问题，这在他的职责范围内。根据和平条约，法国要在规定年限内，向同盟国支付七亿法郎的赔偿金，此外，法国政府还要负担占领军的所有开支。

威灵顿所要做的就是帮助法国政府筹措这笔钱，同时，他也在积极地斡旋，希望同盟国之间能达成协议，减免赔偿金的数额。这是一个很麻烦的差事，它不仅涉及到金融，还要考虑法国政府的支付能力，还有，各盟国怎样分配这笔钱也很容易引起内讧。

俄国沙皇亚历山大提议，由威灵顿公爵担任盟军方面的最高仲裁人，这一提议得到了各国的认可。威灵顿敢于面对这个问题也是需要极大勇气的，有很多人宁愿再次与拿破仑开战，也不愿意处理赔偿金的问题。

因赔偿而牵连出的问题也是层出不穷，每天的很大一部分时间，威灵顿都在和银行家会面，商讨用哪一种金融方式是最好的。威灵顿在报告中写道："了解每一个国家的真实意愿，这是最先需要做的。再有就是同法国政府谈判，使其以对盟国最顺畅的方式支付赔偿金，同时，还要把对法国政府的伤害降低到最小的程度。"

　　经过威灵顿的不懈努力，盟国方面在1818年初，将法国的赔偿金由七亿法郎降低为两亿四千万法郎。这是一个很大的成就，可以说，威灵顿一个人就解决了法国的赔偿问题。法国政府自然乐意听到这样的消息，视威灵顿为能给法国带来和平与福音的人。但是，拿破仑的拥护者和那些曾经在拿破仑麾下效力过的老兵们，却把威灵顿看成仇敌。

　　1818年2月的一天晚上，威灵顿参加完一个晚会，乘马车回他的寓所。巴黎的街道有些昏暗，在一个拐角处，一个早就埋伏在那里的刺客向威灵顿开了一枪，威灵顿看到了枪口喷出的火光，但是他很镇定，而且以军人的角度来判断，他并没有受伤。车夫没有见过这阵势，慌乱之下，拼命赶车。

　　到了寓所，威灵顿有些恼火，他责问车夫："这个速度赶车是做什么？"无论何时何地，威灵顿都不会胆怯，更何况对方是一个躲在暗处的小毛贼，如此慌乱回到住所，威灵顿觉得有失身份，他把荣誉看得比命还重要，因此，他对车夫很不满意。车夫还没平静下来，急促地说道："阁下，难道您没有看到有人在向您开火吗？"

　　滑铁卢的英雄遭遇枪手，这可是一条大新闻，并很快就传遍了欧洲。法王路易十八得知这个消息很是惊恐，如果威灵顿在法国境内遭遇不测，那么他和他的政府必将承受来自英国的巨大压力，而且之前好不容易达成的协议，极有可能因此横生枝节。路易十八命令警察全力搜捕那个刺客。

　　妻子基蒂听闻这个消息，十分担心，她在给理查德的信中说："亲爱的韦尔斯利勋爵，他遇到了危险，这个不幸的消息不得不让您知道。谢谢上帝，现在他是安全的。一个枪手在星期三的夜里，向他开火了。我的丈夫很安全，这是上天对他的关照。他没有受什么伤，在马车上也找不到子弹留下的痕迹……除了感谢上帝，我还希望您不要忧心。"

英国政府命令威灵顿离开巴黎，去康布雷的占领军司令部，那里比较安全。威灵顿拒绝履行这道命令，他说自己不想成为全世界的笑料。国内政府只好允许他留在巴黎，威灵顿还有很多工作要做，最重要的一件就是三年的占领期限快到了，要逐步安排撤军计划了。

过了不久，那个刺客终于抓到了，名字叫坎迪永，是拿破仑的忠实拥护者。从外人来看，这个人显然是有罪的，但是，在审判过程中，法国的陪审团还是认定坎迪永无罪，把他释放了。合理的解释只有一个，威灵顿虽然竭力使赔偿金降到最低，但是这个问题还是对友谊造成了伤害，以路易十八为首的法国政府对威灵顿已经是貌合神离了。

为了讨论从法国撤军的问题，英国、奥地利、俄国、普鲁士四国决定召开会议，会议时间定在9月30日，会议地点定在普鲁士莱茵河区的亚琛。英国代表团由卡斯尔雷和威灵顿组成，俄国则是沙皇亲自来的。10月9日，同盟国和法国签署条约，确定盟军部队在11月30日以前全部撤离。这个条约意味着，对法国的战争在法律层面上已经结束了。

11月10日，英国、奥地利、俄国、普鲁士四国发表联合声明，同法国的和约缔造了和平，并要求法国加入同盟。11月15日，英、奥、俄、普、法五国发表共同宣言，表示要维护地区和平，保障已经签署的各种协定。

实际上，五国共同宣言意味着原来的欧洲四强变成了欧洲五强，各国共同维护封建正统地位，镇压民主革命运动，坚决不允许法国大革命那样的事件再次发生。会议中还举行了盛大的阅兵式，威灵顿指挥了各种作战队形，供与会的君主和贵宾们欣赏。

威灵顿在法国的职责已经完成了，剩下的就是何时踏上归程。威灵顿还获得了绝无仅有的殊荣，俄国、普鲁士、荷兰、西班牙、葡萄牙、法国分别授予他陆军元帅军衔，再加上他已有的英国陆军元帅军衔，威灵顿成为了世界历史上唯一获得七国元帅军衔的人。

到了年底，威灵顿经过布鲁塞尔，回到了伦敦的阿普斯里宅邸，这个房子是从哥哥理查德的手里买来的。按照功成身退的观念，威灵顿可以退休了，但是他早就习惯了为政府和社会服务，是不可能安静地呆在自己的大宅子里的。内阁的成员们也明白威灵顿会是一个很好的同僚，都希望能与他共事。

根据内阁商讨，由利物浦伯爵发出邀请，任命威灵顿为军需部长。威灵顿接受了这个有些奇怪的任命，但同时强调，他是一个社会公仆，而不是一个保皇党政治家，接受军需部长的职务是以一个非党派人士的身份。他只想基于自己的社会责任观，而不想在派系斗争中随波逐流。

2. 在动荡的岁月里

1818年至1819年间，英国的一些工业大城市，诸如伯明翰、曼彻斯特、利兹，掀起了声势浩大的群众集会运动，参与者有工人，有市民阶层，还有中小资产阶级，他们要求政府对选举制度进行改革，取消谷物法，允许群众的结社活动。

在法国和西班牙，威灵顿已经见过了太多的群众运动，在他看来，这种运动就是专门破坏社会秩序，比纵火抢劫好不到哪里去。

威灵顿对群众运动是抱有偏见的，他看不到群众运动是含有某种高尚的目标的，他可能不属于任何一个党派，但却是既成社会体系的忠实维护者，是一个保守的人。所以，威灵顿在这方面的举措都与群众的意愿形成了直接对抗。

威灵顿的工作还不算忙碌，主要是各地为了以武力维护公共秩序，向他这个军需部长提出物资申请。威灵顿认为，英国各地的民事政府部门目前还可以正常运作，他一定会坚决地保卫它。他说："各地的部队应该在城外驻扎，每支纵队配一门大炮。法律必须得到贯彻……任何情况下，都要依法办事，这一点适用于任何人。"

1819年8月16日，数万群众在曼彻斯特的圣彼得广场举行集会，著名的演说家汉特发表了极具煽动性的演讲，随后，集会变成了暴乱，当地驻军前来镇压，共造成六百多人死伤。这之后，英国政府颁布了"六项法令"，总结起来就是，禁止结社和游行，禁止反政府出版物的创作和流通，相关人员将会受到法律制裁，另外，对于私人住宅，政府有权随时进行搜查。

1819年的秋季，社会局势和缓了一些，但是问题并没有得到完全解决。1820年初，在给一个外国记者的信中，威灵顿写道："我们要依靠上帝和我们的机构……那些反对派企图废除原来的国家职能……可是，他们要废除的东西，曾经在我们困难的时候，给予了我们巨大的力量。"这样的看法后来被威灵顿总结为：未经改变的机构要比人类的思想更加靠谱。

在1820年这一年，英国社会更加动荡，黑色势力十分活跃，"加图街"阴谋在这样的背景下应运而生。加图街阴谋的主要策划者是西斯尔伍德，此人是军旅出身，后来加入一个革命团体，在1816年的时候，他曾经筹划武装暴动，打算占领伦敦塔和英格兰银行。

1820年，西斯尔伍德及其同伙计划刺杀英国的内阁部长们，之后占领银行，打开监狱释放囚犯，成功之后则在市政厅效仿法国大革命举行群众集会，宣布英国实行共和制度。不过，这个计划出现了泄密，局势紧张起来。

一天晚上，有人发现在军需部大楼的门口，有可疑人员晃来晃去，很明显，这是针对威灵顿的，打算在他回家的路上刺杀他。威灵顿在回家的路上遇见了陆军元帅菲茨罗伊男爵，两个人结伴同行，散步回家，结果一路无事。后来查明，面对两个久经沙场的老将，那个刺客心生胆怯，临时退缩了。

威灵顿对反对派和群众运动更加厌恶了，他提醒内阁的部长们带上手枪防身，关切地注视着局势的发展，另外，他建议呆在一个有利的防御位置，等待那些暴乱分子主动冲出来。威灵顿的建议就像他在指挥一场战役一样，不过他的同僚们对这个主意不感兴趣，他们宁可换个地方居住，而把搜捕暴乱分子的工作交给地方治安官去处理。

没过多久，在艾斯渥奇路的后街，西斯尔伍德和他的同党被围捕了。法庭审判得很快，西斯尔伍德以叛国罪被处死。另外，在这一年，老国王乔治三世病逝，摄政威尔士亲王继位，称"乔治四世"。乔治四世和他的王妃卡洛琳在1796年就分居了，此后，卡洛琳大多在意大利居住，她在那里有一个情夫，还生下了一个私生女。

1820年，听到乔治四世登位，卡洛琳赶回英国，声称自己是理所应当的王后。乔治四世怎么可能同意这个要求，于是，一些反对派公众利用这个矛盾，作为攻击乔治四世和政府的理由。伦敦的街道边贴满了标语："王后永远都是王后！把国王丢到河里去！"

有一天，威灵顿在回家时，被一群修路工人拦住了，他们坚持让威灵顿说"上帝保佑王后",否则就不会让开道路。威灵顿无奈之下,最后说道:"好吧,先生们,既然你们喜欢这样,那就让上帝永远保佑王后吧!但愿你们的妻子也会和王后一样。"

在伦敦的热闹大街上,卡洛琳坐着敞篷马车招摇过市,支持者围绕在马车旁边,粗手大脚的卡洛琳向支持者撒着花瓣。乔治四世闻讯大怒,他要求政府出台一项法案,剥夺卡洛琳成为王后的可能,并宣布两个人的婚姻永远无效。

这个要求被提交上议院裁决,有人表示反对,说这样公开讨论有损皇室脸面,威灵顿则痛心地答道:"现在,国王已经被贬损到无以复加的程度了。"由于没有特别有说服力的证据,国王提出的法案没有通过。在加冕大典那天,卡洛琳怒气冲冲直闯会场,但在威斯敏斯特教堂门口被拦住了。

事情没有得到解决,但国王难堪的日子很快就过去了,在1821年8月7日,卡洛琳暴病身亡。国王终于可以平静了,继位不久后,他出国访问。威灵顿陪在国王身边,去了很多地方,最值得一提的就是重游了滑铁卢,威灵顿指着各个地点,详细地讲述了战役的过程。

威灵顿回忆道:"国王自始至终都很冷静,既没有说话,也没有提问题。"但是,可以确定的是,威灵顿生动的讲述让国王认为是自己指挥了滑铁卢战役,国王对此一直深信不疑。乔治四世晚年的时候精神有些错乱,那时候,他常说到滑铁卢,他说自己率领重骑兵给了拿破仑致命一击,威灵顿只能附和着回答:"陛下,那情景非常壮观。"

爱尔兰的局势也不太平,在1822年初,内阁提议让威灵顿去担任爱尔兰总督,威灵顿不愿意去,他回答说:"请各位注意,不要用大炮打麻雀。如果让我冲锋陷阵,我会打胜仗。但是如果让我去延续那种分离制度，不论是当总督还是当首席部长，都不会有什么好结果。"最后，赋闲在家的哥哥理查德担起了这个任务，去爱尔兰上任。

之后的日子，威灵顿还算清闲，他委托一个画家给他画的肖像终于完成了，威灵顿付给了画家一千二百六十英镑。夏季到了，老朋友卡斯尔雷劳累过度，精神开始变得失控。和威灵顿谈话的时候，卡斯尔雷的言语变得漫无边际，脑袋里面满是些疯狂的计划。

威灵顿看着卡斯尔雷苍白的脸，恳切地说道："听你的言谈，我一定要提醒你，你的头脑出现了异常。"这是朋友间能说的实话。卡斯尔雷坐在沙发上，双手捂住脸，哽咽着说道："既然你也这样认为，恐怕这是事实了。"威灵顿说自己可以陪伴他，但是卡斯尔雷拒绝了。

为卡斯尔雷治疗的那些医生们没什么好办法，只能是勉强维持。威灵顿曾经严厉地警告他们，要他们尽心尽力。深陷绝望与痛苦的卡斯尔雷已经决定离开这个世界了，8月12日那天清晨，卡斯尔雷自杀身亡。他的棺木放在教堂里面，一群反对派公众在外面欢呼。威灵顿在窗边冷冷地注视着那群人，如同看着深恶痛绝的敌人。

卡斯尔雷辞世了，谁来接任外交部变成了一个迫切的问题。威灵顿向国王力荐，乔治·坎宁是最合适的人选。经过一番周折，也多亏了威灵顿调和其中的问题，乔治·坎宁接管了外交部。首相利物浦伯爵在感谢信中说："如果没有威灵顿公爵帮忙，这个问题还是个未知数。"

3. 外交政策与外交活动

五国同盟大会召开在即，英国政府为了选定会议代表也费了一番周折，最后，威灵顿作为英国代表去开会。1822年10月20日，英、俄、普、奥、法五国代表在意大利的凡罗纳开会。俄、普、奥、法四国决议派出远征军，镇压西班牙国内的革命运动，其实是以此为理由扩张势力。威灵顿明确地表达了英国政府的态度，即不愿以镇压革命为由干涉别国内政。

这样的政策使得英国与东欧专制国家的关系产生了难以弥补的裂痕，自此之后，英国开始奉行"光荣孤立"政策，与欧洲的保守国家保持距离。由于缺乏国力强大的英国的支持，欧洲协调机制名存实亡。当年滑铁卢大胜之后，维也纳会议确立的预先解决争端，维护欧洲和平的目标早已被抛诸脑后。

1822年的圣诞节之前，威灵顿完成会议任务，回到了伦敦。1823年，威灵顿开始了乡下巡游。他从赛伊去了沃斯泰德，从沃斯泰德去了麦尔菲尔德，之后到了帕韦林，再从伯德色特去了哈特费尔德。在这期间里，乔治·坎宁的外交活动越来越让威灵顿反感。

在1824年初，威灵顿对弟弟亨利·韦尔斯利说道："我们的外交总部实在是有点弱智。"按照习惯，政策的制订往往在唐宁街的办公室里讨论，威灵顿是喜欢这种古老的传统的，因为这可以提供广阔的回旋空间，能留有余地。但是，坎宁先生喜欢在一个更大的圈子里讨论，完全没有了隐秘性可言。此外，坎宁摇摆不定的外交政策也使得威灵顿有意见。

坎宁能得到外相这个职务，是应该感激威灵顿的，这一点坎宁自己也明白。但是，感激并不能把冰与火融为一体。威灵顿与坎宁各自的观点是两个极端，具体方法也是南辕北辙。在威灵顿看来，坎宁是在竭尽全力地哗众取宠，而且对戏剧性的结果沾沾自喜，就好比一个平民在一位将军面前大耍军刀，并因此而自得其乐。

坎宁对自由主义和民族主义一直抱有同情，所以对于南美洲那些摆脱殖民统治，争取独立自主的国家，坎宁希望英国政府能够给予承认。但是，威灵顿作为一个保守党人，同时也从国家利益出发，反对坎宁的意见。

威灵顿说道："请考虑一下爱尔兰发生的一切，以及即将发生的一切。那里的前景会很糟糕，会让人坐立不安。这种时候，我们应该格外小心，不能对起义和暴动采取鼓励态度……如果你认为哥伦比亚进行的是正义的事业，玻利瓦尔是一个英雄而不是叛匪，那么我们有什么理由去惩罚奥康奈尔（爱尔兰政治运动的领袖人物）？"

仅从英国的国家利益为出发点，威灵顿的逻辑是对的。为了表示对现行政策的不满，威灵顿在1824年末提出辞职，这在内阁里也引起了争执。最后，坎宁还是占了上风，因为他得到了首相的支持。坎宁政策的另一个目的就是以此来遏制新兴的美国，他在日记里兴奋地写道："南美洲已经自由了，美国佬会因此而蒙受最大的损失。"

威灵顿对这些采取了默认态度，私下里，他也承认他后悔推荐了坎宁，但是目前只能这样。一个局外人这样描述了当时的英国政坛："坎宁像一个极端分子那样表演，其余的部长们似乎只想保住自己的位置，一个个在那里傻笑，只有威灵顿公爵准备为了高尚的目标而放手一搏。"

威灵顿之前分析的是对的，随着世界大形势的动荡，爱尔兰的形势也越发严峻了。当时，皮尔在内政部负责维护公共秩序，他对坎宁也是有意见的，威灵顿便与他联合起来，两个人的友谊被比喻成"两个高智商的人在一群低智商的人中间英雄相惜"。

　　国王乔治四世一贯吃喝玩乐，很少关注政事，对坎宁也是采取放任态度。只有威灵顿和一些志同道合的同僚还在同坎宁抗争。整个1825年，作为军需部长的威灵顿，还在忙着处理例行公事，诸如维修岸坡、维修外崖、建设百慕大兵营等等。

　　1825年12月1日，在俄国西南部港口城市塔甘罗格，沙皇亚历山大病逝了。随即，新皇尼古拉一世继位，照例邀请外国使节参加加冕大典。乔治四世和坎宁经过研究，决定派威灵顿去俄国，履行面见尼古拉一世的特别使命。威灵顿已经五十六岁了，身体状况也不是很好。从伦敦到圣彼得堡遥遥数千里，又值隆冬时节，许多人都关心威灵顿的健康。

　　此外，威灵顿还肩负了一项任务，因为希腊的独立问题，俄国正酝酿着向土耳其开战，威灵顿要做的就是阻止这场战火的发生。1826年2月，威灵顿踏上行程，在路经柏林时，他拜会了普鲁士国王腓特烈·威廉三世。同时，他给坎宁写了好几封信，对自己能否圆满完成使命感到怀疑。

　　威灵顿写道："希腊和土耳其之间很难协调……如果俄国执意向土耳其开战，是没人能够阻止的……如果真的发生战争，我会尽力将其区域化，避免祸及整个欧洲……必须捍卫欧洲的和平，最后的办法是再召开一次欧洲大会，我想在这一点上，您也是认可的。"

　　整个路程用了三个星期，威灵顿抵达了圣彼得堡。第二天，他拜会了尼古拉一世，威灵顿对他的印象还不错，至少他比亚历山大一世在国事方面更加尽心。俄国官员对威灵顿的款待也十分丰盛。希腊问题是一定会涉及的，威灵顿自己也不知道俄国人是否会接受他的影响。

另外，俄国拜占庭式的宫廷政治也使得威灵顿很不适应，他在给家人的信中说："我们在这里具有相当的影响力，但是，我没搞清楚他们到底是哪一位部长或者顾问在负责此事，因此我很难判断事态的发展。"不过，问题还是得到解决了，而且比预想的还要好。希腊被获许处于一种准独立的地位，由英国和俄国共同对其实施监护。

战争被阻止了，欧洲也没有必要开大会了，各方都很满意。尼古拉一世的加冕大典还没有举行，但是威灵顿不打算参加了，因为最重要的工作已经完成。4月的一天，威灵顿踏上了回程。在华沙和柏林，他停留了很长时间，月底的时候，威灵顿回到了伦敦。

在1826年末，约克公爵弗利德里克的身体越来越不好，他一直是英国陆军总司令，是近卫军的代表人物。到了1827年初，约克公爵病逝了，这样，总司令一职出了空缺。威灵顿曾经得到口头承诺，由他来接任，但是皮尔向他透露，国王有心思亲自担任总司令。最后，所有的迷雾都揭开，威灵顿被任命为总司令，这标志着他在军界的仕途已经达到了顶点。

第八章　首相生涯

1. 临危受命

1827年4月，利物浦伯爵因身体原因辞去了首相职务，随即，在国王的支持下，乔治·坎宁成为首相。威灵顿不满之余，辞去了总司令的职务，并与皮尔联手，带动一大批人退出政府。国王觉得这是对自己的不敬，他对着威灵顿的背影大叫："威灵顿，你竟然如此大胆！"

宫廷随从劝慰道："陛下，还是算了吧，他既然对拿破仑毫无畏惧，您也不能指望他畏惧您。"其实，作为一个保皇党人，威灵顿对国王一直是尊重的，他只是对国王扶植坎宁当首相表示不满。不过，坎宁的身体也是每况愈下，自从他在参加约克公爵的葬礼上着了凉以后，风湿病痛急剧恶化，坎宁备受折磨，住进了德文郡公爵的别墅。

1827年8月8日，坎宁病逝。算来算去，他一共当了一百天的首相，因此又被后人称为"百日首相"。坎宁死后被葬于威斯敏斯特教堂，威灵顿这样写道："坎宁先生若是多活一些时候，他所带来的好处可能会更大，不过，他的辞世仍然算得上是一大幸事。"同时，应国王的要求，威灵顿重掌军务。

8月末，乔治四世挑选戈德里奇子爵为首相，原因是戈德里奇比较软弱，国王想加强君权。但是，没过几天，地中海海战打响，英、俄、法三国为帮助希腊同土耳其进行了海战。由于戈德里奇子爵能力有限，英国的内阁混乱不堪，缺乏有威望的人控制局势。

依靠英军舰队副司令科德林顿的出色指挥，英、俄、法三方取得了胜利，但是，俄国借此确立了在地中海的位置，而英国几乎没得到什么好处。戈德里奇子爵数次请辞，国王也觉得应该更换首相。1828年1月9日，国王在温莎堡召见威灵顿，希望由他出任首相。

威灵顿这样说道："我将担任的工作，既不是我所喜欢的，更何况我也没有接受过训练。"不过，多年的军旅生涯使得威灵顿有这样一种观念：命令必须服从，违反命令则应该严惩。实际上，威灵顿的很多军人品格都与当时的官场格格不入，这也是他为什么不能在政治上建功立业的原因。

既然国王有命令，做首相也是在为社会尽责，所以，威灵顿接受了，他同时认为，自己会比戈德里奇子爵做得更好。1828年1月22日，威灵顿正式成为英国首相。首先需要做的就是招募政府成员，整整一个星期，威灵顿都坐在自己的宅邸里，会见那些有意担任政府职务的人，他还要给那些合适的候选人写信。

在这期间，威灵顿保持了极大的耐心，他抱怨道："我把所有的时间都用来安慰那些绅士们了。"十多年的战场经历，威灵顿更习惯于一种服从关系，按照军阶大小，上级下命令，下级服从照办就是了。可政府却不是这样，即使是首相，也不能命令内阁成员。在军营里，下属即使不满，也不可能转头辞职不干，但是政府里面的内阁成员可就不好说了。

总之，军营和政府各自的管理方式完全是本质上的区别。虽然劝说那些绅士让威灵顿感到头疼，但是威灵顿还是尽可能地弥补坎宁在世时对保皇党造成的损害，坎宁一派的人，例如赫斯基森、帕默斯顿、达德利、格兰特，威灵顿经过与他们沟通，分别让他们担任了比较合适的职务。

威灵顿竭力将各派的保皇党人团结起来，这在最初的时候效果还算不错。首相是不能兼任总司令的，虽然很不情愿，威灵顿还是辞掉了总司令一职。威灵顿缺少作为一个政治家的圆滑手段，有一个人向他申请，强烈要求得到贵族封号。威灵顿毫不客气地予以拒绝。

他说道："在过去的两年里，已经封赏了二十多个贵族，我有责任对继续封赏贵族予以制止。如果有什么紧急状况，或者什么人为国家做了重大贡献，才可以破例考虑。如果不坚持这个原则，上议院就会变成一个整日争吵不断的无用机构。无论什么时候，我都不愿意看到英国的宪政受到损害。"

威灵顿对于新闻界也直接表露出不屑，在他看来，新闻记者整天无事生非，没有什么存在的意义。极少有哪个政治人物如此抨击新闻界，即使是坎宁那样喜欢自我表演的人物，也要对新闻界示弱。但是威灵顿不会婉转表达，他感叹道："拿这些记者有什么办法呢？毫无办法。从我个人的角度，我不想同他们中的任何一个人打交道。"

在政府内部，虽然表面上很和气，但是工作的展开并不顺利。坎宁已经去世了，"坎宁派"的成员依然遵循着坎宁的那些原则，威灵顿发现与这些人和睦相处着实不易。从春天到夏天，许多会议都难以达成结果，讨论希腊问题的会议也每每不欢而散。"坎宁派"的那几个人十分顽固，他们虽然也是保皇党人，却与保皇党主流难以融为一体。

对于"坎宁派"，威灵顿开始后悔让他们进政府，他抱怨说："这四个人（赫斯基森、帕默斯顿、达德利、格兰特）凑在一起，每天尽说些无聊的话，顽固而又起不到什么积极的作用。"赫斯基森是四个人里面的头领，经常表现得盛气凌人。帕默斯顿也好不到哪里去，威灵顿有一次愤怒之余，曾经把帕默斯顿说成一个专门捣乱的暴徒。

没过多久，机会来了，威灵顿借机把"坎宁派"逐出政府。当时正在讨论选区的问题，因为发生分歧，赫斯基森在当天晚上，向威灵顿递交了辞呈。实际上，赫斯基森是想故意拿捏一把，他是想威灵顿能够挽留他。

威灵顿可不喜欢这种故作姿态的做法，在他的观念里面，一个绅士既然提出了辞职，就要言出必行，更不要指望别人能够挽留他。威灵顿毫不犹豫，立即去拜见国王，并告诉国王，赫斯基森不愿意担任殖民地部部长一职。国王知道后，也没有挽留的意思，只是叫威灵顿处理这件事。

"坎宁派"吃了一惊，达德利来见威灵顿，表示对发生的事情不大清楚。帕默斯顿追到了上议院，和威灵顿谈了半个小时，他替赫斯基森婉转地表达了歉意。威灵顿态度坚决，因为赫斯基森辞职态度明确，不容反悔。帕默斯顿随后威胁说，如果赫斯基森必须离开，那么自己也会辞职。威灵顿严厉地扫了他一眼，一句话也没有说。

威灵顿回到自己的宅邸后，又接到了帕默斯顿的来信，上面写着："如果赫斯基森先生离职，由此产生的一切后果由阁下承担。"威灵顿的回复很简短，只一句"失掉赫斯基森比卑躬屈膝地挽留他更好一些"。争吵和解释又持续了一段时间，威灵顿仍旧没有动摇，他坚信：一个人说话必须算数！

赫斯基森终于离开了工作岗位，到了5月底，另外三位也辞职了。支持威灵顿的人大声欢呼道："那四个人被彻底踢出局了，当初就不应该让他们进来！"威灵顿对清除"坎宁派"人员并不感到遗憾，接下来他需要做的就是寻找合适的人选，填补职位空缺。

赫斯基森的职务由乔治·莫里接替，莫里是军方出身，曾经参加过伊比利亚半岛战争。帕默斯顿的职务由亨利·哈丁接替，哈丁是威灵顿的老部下，担任过部队的联络官。威灵顿对这样的变化十分满意，因为军人是不喜欢浪费口舌去争吵一些没有必要的问题的。

反对派的人讥讽道："现在的政府完全是由将军和副官组成的。"每当军人出身的部长说到对某一个问题不理解，那些反对人士就嘲笑他们只是在战场上当炮灰的料。不过，反对势力还没有什么气候，所以威灵顿和他的新政府没有受到什么大的挑战。威灵顿宣称："我们的政府是英格兰有史以来最受欢迎的政府。"

2. 坚持原则的人

在坎宁去世的时候，威灵顿曾经说过，如果坎宁可以晚些时候去世，或许能起到的作用更大。威灵顿的意思是，坎宁的外交遗产里面留下了很多难以解决的问题，如果坎宁还在，或许他可以通过自己的方式解决这些问题。

但是，这些问题现在一股脑摆在了威灵顿的面前，关于希腊的领土争端，几乎从没有中断过，俄国和土耳其发生了武装冲突。坎宁曾游说葡萄牙，要葡萄牙仿效英国的制度，但是现在，葡萄牙的情况与当初坎宁的意愿完全相反。葡萄牙高层压根就没把英国的建议当一回事，这对英国政府来说是一种外交上的耻辱。面对这种难堪的局面，威灵顿只能微笑着默认。

威灵顿做首相已经快半年了，他每天都忙得不可开交。家人和朋友都发现，威灵顿因为工作过度而变得脸色苍白了。中午，他要去财政部，在那里一直工作到下午5点钟。之后去上议院。晚上，他在吃晚餐时能得到片刻的休息，然后他一边喝着咖啡，一边看文件，一直忙到午夜12点多钟，才上床睡觉。有朋友提醒他，再这样下去，他的视力就毁了。

在议会休会期间，威灵顿为了恢复身体活力，立即去了切尔滕海姆温泉疗养地，除了泡温泉浴，他每天都喝温泉水。当他回到工作岗位后，人们发现他恢复的不错，胃口很好，皮肤变成了棕色。秋天的时候，威灵顿依然时常患感冒，他的一生都几乎没有远离过感冒。同时，他忙于处理各种问题，无论是国外的还是国内的。

国王乔治四世没有儿子，所以他的二弟约克公爵弗利德里克被选定为王位继承人，但是1827年初的时候，约克公爵病逝了。随后，乔治四世的三弟威廉被选定为王位继承人。威廉出生于1765年，十四岁就加入英国皇家海军，曾经在海军名将纳尔逊的手下历练过。1789年，威廉被封为卡莱伦斯公爵。1811年，威廉成为海军上将。

在坎宁还没有逝世的时候，威廉掌管了海军部，大权在握的他一直试图独自掌管海军事务。虽然法律规定，海军部的事务必须征得至少两位海军部成员的意见，达成一致方能实施，但是威廉对此毫不理会。乔治四世对此非常不满，认为威廉有独大专断的趋势。

在1828年秋天，乔治四世召见首相威灵顿，经过研究，由威灵顿出面，要求威廉辞职。尽管有人出面求情，但是威灵顿的立场很坚定，那就是即使是王室成员，也不能滥用权力损害海军的纪律。最后，威廉只得辞去了海军部的职务。同样类似的事情也发生过一些，但威灵顿都以原则为出发点，他永远都不会刻意讨好王室成员的欢心。

有人从工作角度评价威灵顿，说他是一个什么都会干的人，的确，他整日处理着各种文件，而且不知疲倦。比如为北美洲再次可能发生的战事做准备，如何防止俄国的势力向印度扩张。当然，有些报纸也在造谣诋毁威灵顿，最夸张的是《泰晤士报》，说威灵顿正在秘密向俄国出售军火。威灵顿对这种谣言充耳不闻，他最不喜欢与新闻界有口舌之争。

还有一件事很有意思，有一个名叫海顿的人，给威灵顿写信，要求政府出资鼓励高尚形式的艺术。很快，他就收到了威灵顿的措辞简短的拒绝信。不过，海顿没有死心，他随即提出了一个更加细化的提议，内容是为了彰显宪法的理念，需要把上议院的墙面图画进行改变，要在墙上画阿尔弗雷德大帝、弗朗西斯·培根、霍雷肖·纳尔逊，还有威灵顿的肖像。

海顿的这个提议有讨好威灵顿的意思，自己的肖像与那些杰出人物的肖像，一起画在上议院的墙上，这是多少个政治家梦寐以求的事情啊。海顿本以为威灵顿会欣然接受，谁知威灵顿只是简单地表示"他知道了"，然后就没有了动静。可见，这样也没有打动威灵顿。海顿感到困惑不解，他怀疑威灵顿可能天生就是一个谦虚的人。

他仍旧不死心，送给威灵顿一本他创作的小册子，并建议政府拨款四千英镑，用来创作描述历史的绘画。威灵顿这次的反应大一些，不过并不积极，他要求海顿提供具体的构思细节，在海顿提交了构思细节后，威灵顿又声称这些东西没有按照正规的方式提交，很不合规矩。同时，威灵顿说道："不管是什么情况下，我都反对动用社会的资金来做这些华而不实的事情。"

在这一年里，爱尔兰的问题更加棘手。在一次爱尔兰议员的补选中，教区牧师带领大批选民举行游行示威，要求在克莱尔县恢复天主教。结果是，爱尔兰的天主教领袖奥康内尔击败了维奇·费兹杰罗，成功当选。维奇·费兹杰罗本身就是一个亲天主教人士，即使如此，还是在选举中落败。

威灵顿意识到，如果不在法律上解放天主教，任何保皇党人都休想在南爱尔兰的选举中获胜。而且，问题如果再拖延不决，极有可能引发内战。在1829年初，威灵顿在履行着一生中最费力的政治职责，即劝说国王、下议院还有大多数保皇党人同意解放天主教。以往，这些被劝说的对象都是反对解放天主教的，他们认为此项改革等同于革出教门。

威灵顿虽然对劝说这门艺术不大精通，但他有着充分的耐心，就像他在滑铁卢耐心地等待拿破仑耗尽最后一点力气。威灵顿把问题摆在国王的前面，并给国王足够的思考时间。在1月里，国王有些不大情愿，他说道："我的首相啊，难道你想让他们全都进入国会吗？"威灵顿是最了解国王的，这样的口气意味着国王正在犹豫。

到了2月，国王发布了讲话，宣告解放天主教。但是，如果要具体的法案得到通过，还需得到大多数保皇党人的支持。各方面的阻力很大，连威灵顿的亲密盟友皮尔也在出难题，皮尔公开声明自己是一个新教教徒，如果让自己支持解放天主教，必须让自己当上后座议员。

威灵顿在顽强地支撑着，他说："我既然已经开始做这件事，就下决心走到最后，像在战场上一样，我要用自己的方式冲出重围，成功将会属于我。"最终，在威灵顿耐心的努力之下，皮尔不再出难题，同意继续领导下议院，并帮助威灵顿说服那些摇摆不定的议员。

保皇党的一些极端分子集体向后转，公然违抗威灵顿的命令。但是，大多数保皇党人表示服从，天主教解放在法律层面上得到确立。这是威灵顿公爵在政治生涯中最大的胜利。但是，这场风波也带来了负面影响，那就是保皇党内部发生了分裂。

温奇尔西伯爵是保皇党极端分子的代表人物，他经常在公开场合对威灵顿破口大骂，是吵闹得最欢的一个。温奇尔西在演讲时总是挥舞一个大白手帕，用大嗓门向听众说话，这是他不变的风格。他还给报社写了一封公开信，指责威灵顿大耍阴谋诡计，破坏了社会的自由。

威灵顿决定采取行动，恢复自己的威信，否则将来如何在政府里面发号施令呢。他向温奇尔西下了决斗书，温奇尔西表示应战。1829年3月21日清晨，威灵顿和他的助手亨利·哈丁骑马来到了决斗地点，位于伦敦南部的巴特西公园。温奇尔西还没有到。

过了一会，温奇尔西到了，他带了三个助手，一个医生，还带了一箱手枪。威灵顿对哈丁说道："现在就开始吧，量好距离，我可不喜欢浪费时间。"距离量好后，助手们开了最后一次会。威灵顿在一边微笑着等待，尸骨成山、血流成河的场景，他已经经历过无数次，这场小小的决斗怎么可能让他紧张呢。

哈丁递给威灵顿一把手枪。其实，从清晨起床开始，威灵顿就在琢磨，要不要一枪打死温奇尔西，如果真的那样，会在政坛引起轩然大波。因此，当威灵顿从哈丁手里接过手枪时，他决定打温奇尔西的大腿。枪响了，子弹飞偏了，打在了温奇尔西的上衣上，没有伤到皮肉。

轮到温奇尔西开枪了，他没有把枪口指向威灵顿，而是向天空开了一枪。这在决斗中是表示和解的意思。温奇尔西的助手拿着一份文件，上面有一项放弃追究责任、双方和解的条款，威灵顿看完后，说道："这个样子可不行，这不算是道歉。"

温奇尔西的助手又在文件上加了一些字句，最后，双方都表示接受。威灵顿对温奇尔西略微鞠了一躬，说了声"早安"，然后骑马离开了。在当天下午，威灵顿去温莎堡拜见国王，并告诉他自己决斗的事，国王很宽容，只是说："这也不是什么坏事。"从结果来看，决斗的目标实现了，对威灵顿的诽谤和污蔑几乎立即消失殆尽，那些极端分子都已经收敛很多了。

3. 被迫辞职

保皇党已经没有什么团结性可言了，"坎宁派"人士早就离开了，现在，一些保皇党的上层人士也离开了，并与辉格党结成了反对派联盟。威灵顿在议会的力量损失很大，当然，皮尔还站在他这一边。

爱尔兰问题的解决很大程度上依靠的是威灵顿的个人威望，这引起了很多人的忌惮，其中也包括了乔治四世。一个名叫格尔夫的人竭力挑拨国王与威灵顿的关系，把威灵顿称为"威灵顿国王"。乔治四世不喜欢有人凌驾于国王之上，加之晚年精神状态不好，他曾经愤怒地说道："威灵顿管着英格兰，奥康内尔管着爱尔兰，而我只管着温莎堡这块巴掌大的地方！"

威灵顿没有从英格兰得到什么赞赏，对他的欢呼声来自于爱尔兰，奥康内尔与一个天主教的委员会募集资金，在威灵顿曾经的住址凤凰公园，修建了一个表彰威灵顿的高塔。但是，威灵顿本人的政治前途堪忧，因为在当时的政治历史上，还没有哪一个政治人物在为爱尔兰做事后，自己还能够一帆风顺。

威灵顿已经六十岁了，他的头发白得像霜一样，眼神锐利，身材还很匀称。他成了漫画家经常画的人物，被画成各种形象，最有趣的是他被画成一个欺负国王的人。此起彼伏的谩骂和诽谤，在威灵顿那里算不得什么，在上议院演讲更让他感到乏味。有时，他患了感冒，在台上讲完话后，他就回到座位上，把自己包裹在大衣里面。

1829年夏季的一天，威灵顿在伦敦西区的一条街上骑马走着，遇见了那个经常提出各种问题的克里维先生。克里维是一个辉格党人，与威灵顿政见不同，不过两个人的私交还是不错的。

"公爵，您在爱尔兰事务上的成就，还没有人做到过。"

"克里维先生，你过誉了。"威灵顿微笑着说道。

"那么，公爵，为了那个法案的通过，您一定十分辛苦吧？"

威灵顿平静地答道："不只是辛苦那么简单，简直就是可怕。告辞了。"随后，威灵顿骑马走开了。

在这一年的秋天，威灵顿抽空去乡下拜访朋友们。有一个朋友建议威灵顿，不妨在赫特福德勋爵的领地上见一下赫斯基森，如果能把"坎宁派"人士再次争取过来，对将来的执政也有好处。威灵顿没有说什么，这已经是拒绝了，以他的性格品质，是不可能去邀请赫斯基森来拥护自己的。

另外，威灵顿任命了一个辉格党人担任比较重要的职务，这表明威灵顿试图团结辉格党中的有能力的人。虽然威灵顿是一个保皇党人，但他本人并不想代表保皇党的利益，作为内阁首相，他是在把国家作为行政的整体来管理，国家的利益才是他的目标。所以，他期望团结所有可以团结的人，建立一个稳固的英国政府。

不过，威灵顿的高尚目标不是那些感性的政治家们所能理解的，国王也在不时地制造麻烦。近卫军正在计划更换新式制服，多才多艺的国王对服装的样式和剪裁都很关注，甚至他还要亲自过目。国王在闲暇时间里，仍不忘记给威灵顿制造一些麻烦。威灵顿对自己与国王的关系还是充满信心，他说只有他才能让国王保持清醒。

虽然威灵顿的心态一向很乐观，但他有一次还是抱怨说："如果在1828年1月份以前，我就知道了我现在工作的十分之一，那我绝对不会担任首相，我会逃得越远越好……我觉得，为了做成一点事情就要承受这么多的不幸，除我以外好像没有别人是这样的。"

从1830年的春天开始，乔治四世的身体越来越糟糕，他的神经质十分严重，但是依然保持坦然。威灵顿经常去看望国王，国王即使在病中，还在谈论着赛马。如果乔治四世病逝，威廉会继承王位，威廉极有可能会让辉格党领袖格雷伯爵进入政府，这是威灵顿不想看到的。

到了6月，乔治四世病逝了。威廉成为国王，虽然威廉在掌管海军部的时候，威灵顿曾经命令他辞职，但是，威廉并没有记仇，而是对威灵顿表示了足够的尊重。威灵顿也松了一口气，他发现新国王既富有理性，性情也很温和，他和威廉国王在十分钟里可以商量很多事情。如果换成乔治四世，同样的问题可能要用半个月的时间才能解决。

威廉国王也有特别搞笑的时候，有一天，宫廷侍卫通知威灵顿，说国王要带贵客来他的府邸用餐。威灵顿感觉这很麻烦，但无法推辞，便命佣人立即准备。等了好久，国王和他的客人终于到了。在餐桌上，国王无拘无束，一副纵情享乐的表情。

餐后，威廉开始长篇大论，对于客人中的一对贵族夫妇，威廉用很夸张的语句进行赞美。威灵顿对此感到很不舒服。随后，威廉国王也对威灵顿发表了讲话，说着说着就跑题了，一直说到威灵顿把法国人打得溃不成军。突然，威廉想起来法国大使也在座，担心法国大使误会，便解释说威灵顿并不是针对法国国王和民众，而是针对拿破仑及其支持者。

威灵顿无奈地笑了笑，因为那位法国大使根本听不懂英语，威廉国王竟然忘记了这一点。可怜那位法国大使明明什么都听不懂，还要不时地点头表示赞赏和同意。国王又回到了原来的主题，他说威灵顿的政府为国家做了重大贡献，并获得了王室的广泛信任，自己作为英国国王，也将会一直信任威灵顿首相所领导的政府。

新一届的大选将在这一年举行，威灵顿面临着一场挑战，虽然他有自己的团队，但是很多人都看出来，威灵顿的团队很虚弱。本来，一切都很平静，但是，7月的时候，法国爆发了"七月革命"。8月的时候，荷兰也发生了革命运动。革命的影响力是惊人的，滑铁卢大战之后确立的体系已经出现了无数条裂痕，整个欧洲都在发生变化。

在英国，以往很少听到的关于改革的话题，现在流行了起来。"坎宁派"人士帕默斯顿高兴地写道："自由的理念在全欧洲都流行起来，并已具有决定性。旧的时代即将消失，威灵顿掌权的日子没有几天了。"由此可见，英国的改革派受到了很大鼓舞。

对威灵顿的各种抨击纷至沓来，有的说威灵顿面对贫困和失业问题在听天由命，这并不是完全的造谣，威灵顿在处理这方面问题时，确实不够恰当，被改革派拿来当作口实。面对以格雷伯爵为首的改革派，威灵顿感觉到了自己团队的软弱无力，这让他有了危机感。

威灵顿开始试图与"坎宁派"人士和解，但是，9月15日，"坎宁派"领袖人物赫斯基森不幸在火车事故中丧生，这完全使得威灵顿的和解计划破产。此时，威灵顿已经算是陷入绝境了，但是，他还要顽强抵抗一下，这是他军人性情的完美展示。

在国会召开前半个月，威灵顿在给一个朋友的信中说："国会改革不仅不能算是灵丹妙药，而且还是具有破坏性的，是对立宪制度的戕害。"在信的结尾处，威灵顿表示自己反对改革的决心不会变。

　　11月2日，威灵顿发表讲话，主旨是坚决反对任何改革，这可以说是一封挑战书，整个国会都为此而大吃一惊。随后，改革派和保皇党极端分子联合在一起，在11月15日，整个下议院都弥漫着改革的气氛，威灵顿大势已去。经过了一个不眠之夜的思考，威灵顿在16日辞职了。辉格党领袖格雷伯爵成为首相。

第九章　跌宕起伏的岁月

1. 抵制改革法案

　　大选落败的威灵顿罕见地沮丧起来，他在战场上最严酷的环境里也没有过这种情绪。在皮尔的会客室中，威灵顿说道："工作确实做得很差，简直就是一笔烂账。"在他走出办公室，登上马车时，无处不在的克里维先生向他点头致意，但是两个人一句话也没有说。

　　现在，威灵顿还是一个贵族和绅士，在议会仍然有自己的席位，但是，他已经没有任何官职了。晚上，威灵顿坐在椅子上，面对壁炉沉思默想，后来，他对家人说道："我打了十多年的仗，在内阁的时间也不少，算起来，我为国家一共服务了四十年。我已经下野了，但我不想当一个反对派领袖。"

　　1830年快要过去了，英格兰的乡下还不太平，治安官一直在竭力维护农村地区的秩序。作为汉普郡的首席贵族，威灵顿有义务维护那里的秩序，他把绅士们都派到乡下去，帮助治安官。威灵顿随后也去了汉普郡，无论何时何地，他都以为社会服务作为自己的理念。

　　履行完义务后，他回到伦敦。在他的阿普斯里宅邸，举行了一场不小的宴会。参加宴会的几十个人都是威灵顿的老部下，宴会的墙壁上挂着西班牙油画，那是当年维多利亚盆地大战的战利品。一个人端起酒杯站了起来，提议为了威灵顿的健康干杯。

　　老部下都希望威灵顿能像在战场上那样重新领导他们，威灵顿十分激动，他的豪情又被点燃了，他高兴地说道："像以往那样是不行的，我们要做得更好！"在刚刚败选的时候，他强调自己不愿意当一个反对派领袖，现在，他改变主意了，做反对派领袖只是一个途径，或许可以更好地发挥作用，达到目标。

同时，威灵顿也告诫他的追随者们，在合适的时机没有到来之前，应该保持安静。格雷伯爵和新政府势头正盛，格雷本人一直在推动国会改革的浪潮，具体方案是，减少"衰败选区"（贵族和士绅私人操纵的选区）的议席，增加新兴大工业城市，如曼彻斯特、伯明翰、利兹等城市在下议院的代表。

法案的出台总需要一个时间不短的程序，威灵顿决心在中途击败这项法案。理清了自己的思路后，威灵顿说道："新政府的这些措施如果获得法律层面的支持，将会毁掉这个国家。现行的投票权如果被改变，那么每一个有私人财产的人都会受到影响……这便是我反对的理由，而且我也反对可能会出现的任何一种折中方案。"

此外，威灵顿发现，作为反对派领袖，他的权威十分有限。他抱怨说："我几乎是一个光杆司令，没有自己的部队。他们都在做自己喜欢的事情，脑袋里没有服从的观念，甚至连意见也听不进去。如果哪件事情搞砸了，那么责任还要由我一个人来担负。"

皮尔算是威灵顿的坚定盟友了，不过威灵顿对他也很不满。威灵顿说道："没有皮尔，队伍是无法前进的。但是皮尔现在变得有些摇摆不定，不知在思考些什么。我担任首相的时候，我们协调的还不错，可是现在他越来越使人难以把握了。"1831年4月，格雷要求增加辉格党人在下议院的席位，这首先要征得国王的同意。

有一天，威廉国王离开皇宫，前往上议院。而此时的上议院，议员们破口大骂，甚至发生了肢体冲突，议长在焦头烂额地呼吁大家冷静，但是他的声音被淹没在喧闹声中。直到威廉国王即将到来的消息传到，议员们才冷静下来。

　　威灵顿不在现场，没有看到这幕闹剧，他此时在家里，守在妻子的床边。基蒂十分衰弱，病得很严重。她的脸色十分苍白，像一座蜡像一样，每当有朋友来看望她时，基蒂就会伸出她那双白色的小手，露出淡淡的笑容。

　　她的房间里，摆放了很多物件，有的是威灵顿的战利品，有的是各国君主赠送的礼物，当客人欣赏这些东西时，基蒂就会轻轻地说道："这都是对我丈夫功劳的补偿，没有丝毫的腐败。"

　　在基蒂的心里，丈夫威灵顿是完美无缺的，她对他崇拜至极。威灵顿抽出时间陪着妻子，安慰她说不久就会康复起来。基蒂的手伸进丈夫的袖子里，碰到了一个小环，那是很多年前，基蒂亲手戴在威灵顿的胳膊上的。这么多年，威灵顿一直戴着，从没有摘下过。

　　基蒂在病床上安静地离世了。威灵顿痛苦地沉默着，许多年前，在拉特兰广场第一次见到基蒂的情景又浮现了出来。但是，窗外并不平静，原因是威廉国王同意了格雷的要求，这意味着改革者将在下议院占大多数席位，改革法案在下议院的通过可以说易如反掌。

　　支持改革的民众在大街上兴高采烈地游荡，有一些人开始寻衅滋事，他们向威灵顿住宅的窗户扔石块。威灵顿的一个仆人开枪示警，那些人散开了，接着去别的保皇党人的住所找麻烦。

　　改革法案如果在下议院通过，那么还要提交到上议院进行投票表决。威灵顿决定在上议院对改革法案进行阻击，为此，他开始团结力量。最重要的盟友皮尔还是摇摆不定，但是影响不大，威灵顿已经成功地整合了保皇党团队，甚至那个与他决斗的温奇尔西伯爵，也握手言和了。

　　在初秋的时候，威灵顿的老母亲安娜去世了，料理完母亲的丧事，威灵顿又投入到政治活动中。在他的阿普斯里宅邸，保皇党的重要人物都到场了，他们开会讨论下一步的行动，威灵顿阐明了极具说服力的指导纲领，他说上议院的议员们必须行动起来，阻止改革法案。英国宪法的基本目标是保障私有财产，如果改革法案通过，直接后果就是财产被剥夺。

9月22日，改革法案在下议院获得通过，这是意料之中的事。随后，改革法案提交上议院，由于保皇党人在上议院占优势，格雷的法案没有通过。威灵顿的"阻击战"获得了胜利。几天之后，报纸上出现了一句话："法案被上议院驳回，它死了。"报纸还印了一圈黑边，以示哀悼。

改革者和支持改革的民众看到消息后，异常愤怒，骚乱由此发生。曼彻斯特和伯明翰等工业城市举行了一系列民众大会，表达对改革法案的期望和支持。10月初，伦敦的示威活动有数万人参加，并向威廉国王递交了请愿书，要求进行改革。10月31日，在布里斯托尔发生大规模骚乱，这也是整个动荡环境里最严重的一次。

威灵顿住宅的窗户再次受到了石块的攻击，为了避免石块伤到屋里的人，他在住宅所有的窗户上，都加装了铁片制成的百叶窗。因为这个细节，威灵顿还得到了一个新的称呼"铁公爵"。

2. 组阁失败

1832年来到了。格雷的法案在下议院第三次获得通过，以他为代表的改革派将再次向上议院发起冲击。有传闻说，格雷打算要求国王同意在上议院增加辉格党议员，这样的话，法案就很容易通过。威灵顿认为这个传闻应该是真的，因为格雷前一年在下议院就是这样做的，既然尝到了甜头，原样照搬也是完全有可能的。

一切还要看威廉国王的意思，如果国王不答应格雷的要求，那么威灵顿还可以在上议院继续阻击改革派。不过，威灵顿觉得国王很有可能再次让步。现在，威灵顿干脆不操心了，他只能等待，用他的话来说，"一群暴徒和他们的为所欲为的报纸把我们团团围住，那就只好由得他们去！"

3月份，法案被再次提交到上议院，在进行第二次审议时，威灵顿进行了很有节制的反对。辉格党人在私下里与保皇党的一些人接触，进行谈判，这样的情况已经持续了几个月。威灵顿的力量受到了很大削弱，但是他也无能为力，他不能像命令下属那样命令别人。改革法案通过了第二次审议，根据投票结果，法案的部分内容已经得到了认可。

在威灵顿看来，对方已经攻占了他的外围阵地，这是一个事实。鱼死网破从来就不是他的观念，所以，威灵顿决定后退一步。现在，除了寄希望于国王身上，几乎再没有别的办法了。不过，国王的行为令威灵顿感到心灰意冷，在一次宴会上，国王把对威灵顿的祝酒辞取消了，这引起了很多人的注目。

现在，改革法案已经到了专门的委员会，一步步向着彻底通过迈进。但是，戏剧性的一幕出现了。格雷急于求成，在5月7日那天，他和亨利·布鲁厄姆前往温莎堡，面见国王威廉，要求在上议院里面增加五十名辉格党议员，以求改革法案一举通过。威廉感到了压迫，十分不悦，拒绝了格雷的要求。首相格雷觉得面子上挂不住，一气之下辞职了。

同时，辉格党内阁也解散了。眼下要做的是任命一位新首相，重新组织内阁，威廉国王找来林德赫斯特男爵，与他商量该怎么办。林德赫斯特建议国王找威灵顿，询问他的意见。从形势来看，威灵顿有机会再次担任首相，无论结果如何，威灵顿都希望利用这个机会完成自己的目标。

5月10日，威灵顿和林德赫斯特会面。之后，在阿普斯里宅邸，威灵顿、林德赫斯特、皮尔、克罗克四个人开了一个小会。克罗克问道："谁来担任首相比较合适？"林德赫斯特征求皮尔的看法。皮尔认为改革是大多数人的意见，如果威灵顿继续阻扰法案，极有可能引发内战，所以，他既不愿意加入内阁，也不愿意就首相人选说出意见。

克罗克建议由哈罗斯比出任首相，因为这个人的威望很高，也可以缓和与辉格党的关系。但是威灵顿不喜欢哈罗斯比，因为此人与辉格党来往密切，恐怕保皇党的议员们不能接受他。

这一天的小型会议没有达成什么共识，当天晚上，威灵顿给林德赫斯特写了一张纸条，上面写道："我已经做好了准备，听国王的命令。我反对改革的心意没有改变。不管前面有多少困难，都不能让我感到害怕，我将对国王尽心尽力，这一点毋庸置疑。"这已经表达的很清楚了，威灵顿愿意重新担任首相。

5月11日，林德赫斯特去温莎堡，将威灵顿的意思告知了国王。国王的意思是先由威灵顿组建内阁，如果一切顺利，他对威灵顿担任首相是不反对的。接下来，威灵顿就开始试图组建一个新的内阁，但是，人们的反应非常冷淡。除了威灵顿的老部下莫里和哈丁，没有一个人愿意加入内阁。

5月13日，威灵顿会见更多的人，希望能得到支持，但是没什么效果。他的耐心就这样一点点被耗尽了，他对克罗克说道："在目前的情势下，一些人把自己藏了起来，我无法左右他们的意志，更不能把他们拉过来。"

威灵顿意识到，自己的力量显然是不充足的。5月16日早晨，威灵顿前往温莎堡，向国王坦白，自己没有办法重组内阁，他放弃了。于是，威廉国王再次找来格雷伯爵，要他重新担任首相。辉格党人的内阁很快再次运作，为了表示抚慰，国王同意了格雷先前提出的请求，即在上议院增加五十名辉格党议员。

这样，威灵顿已经没有任何办法阻止改革法案了，法案在上议院获得通过只是时间的问题。法案的审议进入最后阶段的时候，支持威灵顿的议员们都躲起来了，有的在俱乐部消遣，有的在自家的宅邸里。一个夏日的午后，辉格党人成群结队来到上议院，对着许多空荡荡的座位，宣布了威廉国王的许可。

6月18日，威灵顿一大早就骑马离开家，前往敏特。一个名叫皮特鲁奇的画家为他画像，威灵顿是去那里摆造型。一群专门寻衅滋事的游民得知这个消息，在威灵顿回家的必经之地等着他，打算好好羞辱他一番。

回来的路上，威灵顿到底还是撞上了他们。不过，这些游民只是跟在后面，不敢有什么过激举动。除了谩骂和嘲讽，其间还有人扔了一次石块。威灵顿一路行进，有几个退役的军人和崇拜他的人自动为他保驾护航，就这样，他平安地回到了阿普斯里宅邸。这一天正好是滑铁卢战役的纪念日，威灵顿只说了一句"选择了这么个奇特的日子"。

阿普斯里宅邸外边几乎每天都有游民在闲逛，谩骂是他们唯一想做的。威灵顿对此已经习惯了，他很冷静。现在，改革已经是法律了，作为反对改革的代表人物，他明白自己越来越不受欢迎了。有时，他去乡下打猎，甚至那些极端的农民也在骂他。

威灵顿说道："在伦敦，无论我遇到了怎样的挑衅和谩骂，我都会冷静对待。有教养的那些人会感到羞愧，会以各种方式表达对我本人的敬重。"改革意味着一个新的秩序，威灵顿对此充满忧虑，他担心英格兰会变得混乱不堪，他甚至想到了情况最糟糕时会是什么样子。

他已经六十三岁了，完全可以归隐田园，或者舒舒服服地呆在他的大房间里，回味着过去的时光；或者趁着身体还不错，去那些战役的发生地，重温一下激情飞扬的岁月；或者去阳光明媚的古堡；或者去海边度假。无论是哪一种，威灵顿都会过得舒服和惬意，但是，他对社会始终有着一种不变的责任感，对王室也有着难以割舍的情感，所以，他要继续承担职责，直到最后一刻。

3. 英格兰的"独裁者"

1833年来到了，威灵顿去议院的次数不多了，他经常打猎，穿一件猩红色的上衣，再加上淡紫色的背心，用他自己的话说"同猎狐狗玩得很开心"。有一次，他在散步的途中，顺路去了下议院，他对那里的一切都看不惯。威灵顿对克里维先生说道："希望无法无天的情况不会出现，对于格雷首相抵抗无政府主义的做法，我表示支持。"

有时候，威灵顿还会去上议院，做一番演讲。那个曾经不断提议的海顿注意到，威灵顿一如既往地充满气概，有时会摘掉眼镜，引用一句经典的话。这一年的6月18日，依旧照常举行纪念滑铁卢战役胜利的宴会，没有人再向威灵顿的窗户扔石头了。总之，一切都舒缓而平静。

因为无所事事，威灵顿感到失望，他在给朋友的信里抱怨道：

"想离开这个倒霉的地方，这样的念头经常出现。"在他位于赛伊的大别墅里，威灵顿设计安装了一套热水管线，这也是他在闲暇之余的一项发明。在家居生活方面，威灵顿算是一个先驱者，取得过一些成就。

在这一年的下半年，威灵顿成为牛津大学校长的候选人，这使得他很开心，但同时也表示谦逊，他说自己少年时在伊顿公学成绩很差，拉丁文和希腊文的水平也处于低级阶段。不久，正式的任命下来了，威灵顿为牛津大学校长。曾经的英军总司令、内阁首相，现在又成了英国名牌大学的校长，这也是威灵顿第一次正式进入教育界。

1834年4月的一天，在牛津大学的谢尔登尼大会堂，举行了威灵顿的就职仪式。会堂里人头攒动，场面宏大，所有人都向威灵顿表示热爱和祝贺，连威灵顿的老对手温奇尔西伯爵也赶来捧场。为了表示感谢，威灵顿特意给温奇尔西伯爵颁发了一份学位证书。

威灵顿事先就得知要用拉丁文发表就职演说，他在这方面是不擅长的。碰巧，他的私人医生精通拉丁文，又会撰写演讲稿，于是，便由这位医生代笔，写了一篇拉丁文的就职演说稿，威灵顿事先把稿子温习了一遍。

不过，威灵顿在演讲时，还是容易发错音，座位上的师生们感到惊讶，但是，他们瞬间就原谅了这位新校长的错误。一个盖世英雄来当校长，还有什么能比这个更令人兴奋的呢，所以，那些瑕疵统统被忽略掉了。

一个获得诗歌奖的学生上台朗诵诗歌，内容是赞扬威灵顿打败了拿破仑。老师和学生们再次激动起来，挥舞着帽子，向威灵顿欢呼。威灵顿端端正正地坐在那里，神情自若，他举了举帽子，示意那个学生继续读诗。这种在战场上培养出的精神气质和举止，再次令学生们欢呼，可以说，威灵顿的就职典礼是在一片狂欢之中完成的。

这一年，英国的政局也发生了变化。对于首相格雷来说，改革法案的通过是他政治生涯中的最大成就。但是，随着时间的推移，格雷渐渐地保守起来，对于进一步的改革行动，格雷不仅十分小心，而且产生了抵触情绪。不少人对政府没有实行进一步的改革而感到失望。

1834年5月，关于《爱尔兰捐税法案》一事，议会进行了辩论，政府内阁因此而出现了严重的对立。最后，德比伯爵、詹姆士·格兰姆爵士、利彭伯爵还有里奇蒙公爵一起辞职，这使得格雷政府几乎塌了半个屋顶。

7月8日，格雷向国王威廉提出辞呈，并在第二天向上议院做了正式交代。虽然有挽留的声音，但是格雷去意已决。辞职后的格雷去了他热爱的霍维克，在那里过起了隐居生活，享受着难得的天伦之乐。一直到生命终结，格雷再也没有复出过。

首相一职落在了梅尔本子爵的肩上，不过，到了11月，国王威廉搞了一把政变，他把政府的部长都遣散了，这样做的目的是想减缓改革的速度，因为在太短的时间里实行过多的改革，会让社会更加动荡。现在要做的又是重组内阁，保皇党人还都坚守在各自的岗位，于是，国王威廉召见了威灵顿。

那一天，威灵顿正在赛伊的大房子里，他起得很早，正准备外出打猎。早晨6点钟的时候，国王的信使到了，威灵顿于是取消打猎，并命仆人准备马车。早晨8点钟，威灵顿登上马车，前往布莱顿觐见国王。中午时分，威灵顿到了，国王的意思是要威灵顿担任首相，并组成下一届内阁班子。

不过，威灵顿不愿意再担任首相了，他说："陛下，根据下议院的情况，现在组成政府要克服很大的困难，当然，我们会努力求得最好的结果。陛下可以从下议院挑选一位首相，这是我真诚的建议。"

威灵顿推荐的人选是皮尔，虽然两个人的关系没有以前那么亲密了，但是从公事方面来说，威灵顿认为皮尔是最合适的首相人选。国王接纳了威灵顿的建议，但是，皮尔此时正在意大利，在他回英国之前，政府职权必须有人代理。经过商议，威廉国王让威灵顿和林德赫斯特两个人担起责任。

林德赫斯特代理了首席大法官的职务，而威灵顿一个人承担起了八个职务，分别是司法部长、海军部长、战争和殖民地部长、内政部长、财政部长、外交部长、御玺大臣、国库大臣，威灵顿成了名副其实的英格兰"独裁者"，他在日记里面写道："我掌管了整个国家，我派人催促皮尔尽快回来。"

这在英格兰的历史上恐怕是绝无仅有的一幕，那些漫画家自然不会错过这样好的题材。一个漫画家创作了这样一幅漫画，画的是威灵顿一个人坐在内阁会议的首席座位，然后对着两大排空椅子说："现在，各位，我们来商量如何完成政府的工作。"类似的漫画还有很多，有的是善意的玩笑，也有的是恶意的嘲弄。

像在军队里一样，威灵顿用简洁直率的风格做事，也用这种风格向下属发布指示。在内政部，威灵顿处理了所有积压下来的文件，只用了很少的时间，这令内政部的各级官员很是惊讶。一个年老而又勤勉的英雄担负起了国家的责任，许多人都十分感动。

这样的情况一共持续了三个星期，12月9日，皮尔回到英国，开始履行首相的职责。威灵顿只为自己保留了一个外交部长的职务，其余的职务全部交出。早在半岛战争时期，威灵顿带兵之余，就处理过很多的外交事务。欧洲召开大会，威灵顿也曾经做过英国政府的代表，所以，当外交部长，对于他来说也并不是什么难事。

皮尔的上台意味着保皇党执政了，但是，政府的将来还是要依靠选票。皮尔清楚地意识到，辉格党人在下议院占据着压倒性的优势，如果不能改变这种格局，自己的首相位置是坐不稳的。于是，皮尔请求国王，国王解散了议会，重新就议会席位举行大选。这是一次重新的洗牌，皮尔希望可以借机在下议院中增加保皇党人的席位。

大选的结果是，保皇党的席位多了一点，但是仍然处于劣势。提交到下议院的事务，全部被辉格党议员投票否决。勉强支撑了几个月，到了1835年4月18日，皮尔被迫辞职。梅尔本子爵重新回到首相位置，辉格党再次登台。这几年的英国政坛就如同走马灯一样，看得人眼花缭乱。

威灵顿又回到了比较轻松的生活，他参加的大多是一些仪式性的活动。1836年，约翰·格尔伍德开始编辑一本书，名称是《陆军元帅威灵顿公爵在1799至1818年各种战役中的文件》，在编辑过程里，出现了很多需要仔细核对的地方。因为这本书是关于自己的，所以威灵顿抽出时间翻阅旧文件，以帮助格尔伍德完成这本书。

此外，越来越多的画家把威灵顿当作他们创作的模特，威灵顿的日常生活里总有画家的人影在晃动。在1828年威灵顿担任首相的时候，那个叫海顿的人就曾经数次提出令人头疼的提议，结果被威灵顿全部拒绝了。现在，这个百折不饶的画家又出现了。

有一天，海顿直接来到了位于海德公园的阿普斯里宅邸，拜访威灵顿。刚一见面，海顿就说出了自己的来意。他说："公爵先生，很抱歉打扰您的休息，但是，有一件很重要的事情，需要您的帮助。我想借您的衣服一用，这样我可以画出穿着不同服饰的您的画像，希望您能允许我这样做。另外，有一些画作已经完成了，您是否乐意过目一下？"

威灵顿有些不悦，他说道："海顿先生，任何一个画家以他认为适当的方式来画我，我都不会反对。不过，要是让我提供什么衣服，或者对已经完成的画作提什么意见，我觉得这是不合适的。"如果换成别的画家，听到威灵顿这么说，恐怕会识趣地告辞。

但是，海顿可不是这么一番话就能打发的，他像一个顽强的乞丐一样，不讨到钱决不罢休。最后，威灵顿心软了，虽然很不情愿，但是他允许海顿借衣服，可以去衣柜里面随便挑，至于画作，只要喜欢画，画什么服饰都可以。

有了这个先例，越来越多的艺术家登门拜访，威灵顿不堪其扰。他写道："我希望艺术家们能更懂得体谅……一些人还没离开，另一些人即将到来……在走廊里，在楼梯间，在垒墙旁边，这些绅士们几乎无处不在。每天的三顿饭他们都和我一起吃，晚上还要坐在沙发上陪他们闲扯，弄得我连自己支配的时间都没有了。"

在1836年，威灵顿发表二十多次演讲，内容涉及的方面很广。皮尔现在算是保皇党的领导人，威灵顿同皮尔的个人关系比以前好多了，但是，两个人的政治观点不一致，这就使得两个人只是相互尊重的关系，想恢复从前的亲密是不可能的了。至于别的保皇党人，则觉得皮尔缺乏激情，无法使大家积极起来。

第十章　白发苍苍的老人

1. 和蔼的邻居

国王威廉已经年过七旬，身体也老迈不中用了，他的子女都夭折了。本来，他可以仿照先例，把王位传给弟弟肯特公爵，但是，肯特公爵多年前因患肺炎而死去。这样，肯特公爵的女儿，也就是威廉的侄女——维多利亚公主成为王位的唯一合法继承人。

肯特公爵夫人是一个精明而又小气的女人，威廉很讨厌这个弟妹，两个人的矛盾很深。对于女儿将来会成为英格兰的女王，肯特公爵夫人是满怀喜悦的，同时也处处提防，担心有人心怀不轨，谋害维多利亚公主。即使是国王威廉对维多利亚表示关怀，肯特公爵夫人也会心生猜忌。

1836年8月21日，这一天是国王威廉七十一岁的生日，在宫中举行了豪华的生日宴会。维多利亚公主也出席了宴会。席间，威廉对维多利亚说希望自己可以再多活九个月，等到维多利亚年满十八岁，就可以把大权交给她，这样就可以避免肯特公爵夫人摄政。

到了1837年5月24日，这一天是维多利亚公主十八岁的生日，威廉终于如释重负了。6月20日，威廉驾崩。同一天，坎特伯雷大主教和科宁厄姆勋爵来到肯辛顿宫，向维多利亚行大礼，并告诉她，她已经是英格兰的女王了。

维多利亚女王的第一道命令就是把自己的床从母亲的卧室里搬出来，她坚决不能允许母亲再对她指手画脚。王权绝不能被外人染指，即使是自己的母亲也不能例外。这个十八岁的女王展露出了超出同龄人的成熟和果敢，死去的威廉国王如果地下有知，也可以含笑瞑目了。肯特公爵夫人心如死灰，多少年的心血付之东流，除了抱怨，她没有什么可做的。

　　岁月流逝，威灵顿的生活日复一日，他本人更像是英格兰前进历程的纪念碑，人们不再向他的窗户扔石头，而是像看着一个神话人物一样看着他。当威灵顿出行时，每一个路人都会摘掉帽子，向他致敬，甚至连屠户的孩子也会放下自己的手推车，瞪大眼睛张望。

　　他乘的车子是轻便的四轮马车，由两匹马拉着，他总是坐在车厢的左侧，这样同坐的人可以贴近他的耳朵说话，威灵顿的听力已经不大好了。他一共有三处住所，海德公园的阿普斯里宅邸，赛伊的大房子，再就是沃默尔城堡，城堡位于肯特郡的海边，威灵顿的晚年住在这里的时间要多一些。

　　在沃默尔城堡，威灵顿的作息时间很有规律，他一般在晚上7点用晚餐，然后喝咖啡或者喝茶，闲谈到11点钟，回卧房休息。如果谈话时间变得长了，那一定是在谈论陈年旧事。一些客人总是对威灵顿征战沙场的时期特别感兴趣，并由此而急切地提出一大堆问题。

　　一个名叫斯坦诺普的朋友来访了。威灵顿晚上最喜欢在烛光之下，享受安静的阅读。但是，斯坦诺普走了进来，顽固地咨询着问题，全部是关于半岛战争的。整个晚上，斯坦诺普就守在书桌边，不把所有的问题问完决不罢休。

　　威灵顿在这种压迫之下备受折磨，有时，伶俐的下人会把书籍放在书桌上，意思是主人读书的时间到了，希望斯坦诺普可以识趣一些。斯坦诺普毫不理会，他把书籍推到一边，继续坚定地提出各种问题。威灵顿无可奈何，只能坐在扶手椅里，用低沉的声音简短地回答。

虽然不在内阁里任职，但是威灵顿还有了别的职务，最值得一提的就是辛克港口总督，主要负责英格兰南部的五个港口，因此又被称为"五港总督"。他现在大多时候是平民装束，早晨6点钟他就起床了，沐浴着清晨的阳光，在操场上散步。

上午，威灵顿会处理一些公务文件，吃过午餐，他会骑马去多佛，作为港口总督，他要和多佛的警备部队保持工作上的联系。在规定的日子里，威灵顿还要与领航员一起巡视海港区域。忙完工作，威灵顿就骑着马慢悠悠地回到城堡住处，如果斯坦诺普没有来打扰，那他会度过一个宁静而愉悦的夜晚。

对于沃默尔城堡周围的居民来说，威灵顿是一个和蔼可亲的邻居。有一天，一个平民带着孩子经过城堡，好奇地向里面张望，威灵顿看到他们后，便热情地邀请他们进来，还留他们吃饭。那个人受宠若惊，兴奋地说道："公爵大人，在您的府上，和您在一张桌子前吃饭，这真是难以想象的。"

威灵顿无拘无束，闲聊着庄稼的收成，以及今年的年景如何等等。那个人见威灵顿如此平易近人，才放心大胆地说道："公爵大人，您的城堡里养了许多白嘴鸦，有一些庄稼就被它们吃掉了。"威灵顿豁达地说道："既然如此，就把它们当作猎物，把它们都杀掉。"

平时没事的时候，威灵顿也会去租户的家里坐一坐。他想过一种平民化的生活，但是，打扰很快就到来了。这一回不是斯坦诺普，而是那个百折不挠的画家海顿先生。利物浦的一个机构要出资购买一幅威灵顿在滑铁卢战场沉思的画像，海顿不想错过这个机会，如果他画出这幅画，那么他在绘画领域的地位就能上升一大步。

威灵顿听到这个消息感到好笑，面对滑铁卢漫山遍野的尸体，他还能沉思？不知是哪个自我陶醉的家伙想出了这么一个点子。海顿先生可不管这些，他兴奋得手舞足蹈，开始不间断地给威灵顿写信，希望他能够当模特。威灵顿的第一个念头就是"这个海顿真是阴魂不散"，在回信里，威灵顿冷冷地写道："希望你不要继续写信说什么画了。"

海顿在这方面是从不放弃的，他竟然找到了为威灵顿制作衣服的裁缝，要裁缝用威灵顿的尺寸做一条裤子，然后自己穿上，一边观察自己一边作画。在信里，海顿哀求道："我的公爵啊，我这也是没有办法的办法了。"威灵顿看完信，竟然笑了起来，对于海顿这样一个人物，他除了满足他的要求，想不到什么好的办法，于是邀请海顿来沃默尔城堡。

海顿迫不及待地启程了，当他到达沃默尔城堡已是黄昏时分，城堡里敲起了钟声。在餐厅里，威灵顿和一个名叫阿巴思诺特的老朋友正在吃饭，威灵顿邀请海顿坐下，并命仆人上一套餐具。谈话中提到了拿破仑究竟是个什么样的性格，随后，话题自然而然地转到了半岛战争时期。

威灵顿谈到英军宿营时用烧毁房屋的方式取暖，海顿发表意见说："法国人经常睡在露天里。"威灵顿回道："当然，他们可以在任何地方睡觉，他们已经习惯那样了。但是，我们的士兵更喜欢找到家一般的感觉，最起码要住的像样一些。"坐在椅子上的阿巴思诺特点头表示同意。

海顿是带着任务来的，他的画作还没有完成，所以在谈话的过程里，他目不转睛地观察着威灵顿。又谈了一会儿，威灵顿打了一个大哈欠，他摇动手铃，叫来仆人，命令点上蜡烛。威灵顿拿起一根蜡烛，说了一句"晚安"，就去自己的卧室了。海顿的思绪还处于兴奋状态，他在想象伟大的公爵睡觉时会是个什么样子。

第二天上午，吃完早饭之后，主客几个人出去打猎了。下午，威灵顿坐在一把椅子上，给海顿当绘画模特，或许是因为打猎感到疲劳，坐在那里的威灵顿有些昏昏欲睡。晚饭后，威灵顿没有继续当模特，而是安安静静地读着报纸，直到入睡的时间。

又画了三天，画终于画好了。阿巴思诺特看了画作之后说道："确实挺不错的。"威灵顿一眼都没有看，只是淡淡地说道："是吗？那真是令人开心。"对自己的肖像画不做出任何评价，他在几年以前就反复强调过。所以，关于已经完成的画作是否需要进行修改，始终是阿巴思诺特和海顿在讨论，得出的结论是，画作表现出了威灵顿的精神，可以收工了。

2. 再次担任陆军总司令

1838年6月28日，伦敦的威斯敏斯特教堂举行了维多利亚女王的加冕大典，各国使节都来参加。威灵顿的老对手法国元帅苏尔特也来了，为了表示友好，威灵顿将《陆军元帅威灵顿公爵在1799至1818年各种战役中的文件》这本书推迟出版，因为他的军事生涯几乎都是在与法国人作战，书中的文件自然也都是息息相关的。

在白金汉宫的会客厅里，威灵顿和苏尔特握手言欢，随后，苏尔特还亲自去威灵顿的家里做客。威灵顿一直表现得很友好，但是，在一个小型宴会上，当一个人站起来说："公爵阁下，让我们为法军官兵的健康干一杯吧。"威灵顿回答："干杯就免了吧，我唯一做过的事情就是痛扁他们！"

《陆军元帅威灵顿公爵在1799至1818年各种战役中的文件》的编者是约翰·格尔伍德，他是威灵顿的老部下，在当年的罗德里格攻城战中，格尔伍德表现得十分英勇，威灵顿在那时很器重他。但是，在那之后，格尔伍德没有特别优秀的表现，在滑铁卢战役中也是表现一般。离开战场之后，格尔伍德的境遇一直不太好。

　　后来，威灵顿掌管近卫军时，提拔了格尔伍德。格尔伍德感激之余，编辑出版了关于威灵顿的《战斗序列》。之后，格尔伍德开始了一个更宏大的工作，即编辑《陆军元帅威灵顿公爵在1799至1818年各种战役中的文件》，在整个编辑过程里，格尔伍德得到了威灵顿的亲密配合，两个人的友谊比在战场上更加增进了一大步。

　　编辑工作完成后，在威灵顿的鼎力帮助下，格尔伍德得到了伦敦塔副司令的职务，还得到了一份年金。生活变得优裕了起来，意气风发的格尔伍德开始经常出现在威灵顿的生活圈子里，因为格尔伍德的妻子出身不好，所以格尔伍德在交际场合从不带夫人出席。

　　不过，事情往往在看似平顺的情况下发生转变，格尔伍德的精神状态变得十分不好，这也与他早年的一次负伤有关系。另外，关于格尔伍德在半岛战争时的战功，还受到了某些人的猜疑。闲暇之余，格尔伍德接触了催眠术，并开始痴迷，一发而不可收拾。

　　对于《陆军元帅威灵顿公爵在1799至1818年各种战役中的文件》，格尔伍德准备进行扩编，各种文件资料堆得像小山一样，需要他抄录和分类。当他完成这一切时，已经心力交瘁了。接下来还要编制索引，这项工作对于他来说实在是太艰难了。格尔伍德为此感到了巨大的压力，甚至连夜里睡眠都成问题。

　　当有一天，威灵顿见到格尔伍德的时候，他发觉出了格尔伍德的异样，并劝他到布莱顿去休假。格尔伍德听了威灵顿的话，去了布莱顿。但是，格尔伍德没有得到丝毫放松，他一直在自己的房间里走来走去，沉思着什么。

到了第三天的下午，格尔伍德用一把刀割断了自己的喉咙，离开了人世。格尔伍德的葬礼举行几天之后，有人告诉威灵顿，说格尔伍德生前有一个习惯，每次和威灵顿谈完话，格尔伍德都会回到自己的房间里，把威灵顿所说的话记在备忘录上面。

威灵顿听到后，感到这很令人讨厌，于是在慰问格尔伍德妻子的同时，向她索要这些备忘录。格尔伍德妻子回答说，据她所知，丈夫在离开人世前，把那些珍贵的资料付之一炬了，另外，关于丈夫的社交活动以及与威灵顿见面的情形，她一概都不清楚。

格尔伍德妻子说的是实话，但威灵顿还是不依不饶，他要求她仔细整理格尔伍德的遗物，把可疑的笔记都拿出来。格尔伍德妻子只能答应尽量配合。这是威灵顿少有的不近人情的时候。其实，那个经常打扰他生活的斯坦诺普在很多年以来，一直也在记录着威灵顿所说过的话，只是威灵顿没有发现而已。

1839年，威灵顿七十岁了，他的听力不太好。当时，在维多利亚女王身边的女官们，都是清一色的辉格党人，这是首相梅尔本子爵安排的。梅尔本子爵对女王的态度非同一般，既毕恭毕敬又充满关怀，既是臣属也是导师，维多利亚女王对梅尔本子爵非常崇拜，认为他是一个完人。梅尔本子爵提出的建议，女王几乎也是言听计从。

很长一段时间里，维多利亚女王从不会见保皇党人，只有威灵顿勉强算是一个例外。1839年那一年里，政府出现了问题，梅尔本子爵建议女王请威灵顿来商量，女王担心威灵顿的听力问题，谈话是否能够顺利进行。梅尔本子爵说威灵顿虽然年事已高，但肯定能明白女王对他说的话。

威灵顿来到了王宫，女王在说话的时候刻意放慢了语速，她发现威灵顿很慈祥，听得也很认真。整个谈话过程有二十分钟，女王希望威灵顿能进入内阁，担任外交部长的职务。威灵顿婉言谢绝了，但是，出于一种责任感，他还是有很多事务要忙。

除了辛克港口事务，他还要时常去上议院，甚至有一个新建的学院请他去演讲农业问题。虽然农业问题已经超出了威灵顿的知识范围，但他还是努力地写满了几张纸。另外，对于收到的每一封信件，威灵顿都要写回信，这是他的习惯。尽管他的手腕患有风湿，但他仍旧在坚持。

疲倦之余，威灵顿抱怨道："所有的动物，即使是一头毛驴，也会有休息的时候，可我却没有，这像话吗……难道他们都不知道吗，我和别人一样，只有两只眼睛，每天也就那么几个小时的时间。"

11月，天气寒冷，经常下冷雨。威灵顿的胃口很不好，早餐吃干面包，还要抽空坐下来阅读文件。如果不是饭点，威灵顿也就能啃上半块饼干。他渐渐地吃不消了，终于病倒在床上。但是几天之后，他又站起来了，像往常一样写回信、出席聚会、料理家庭账单。

一个朋友听说他病了，便来看望他。告别的时候，威灵顿叮嘱那个人道："如果有人问你，我的情况怎么样？你就告诉他们，威灵顿公爵依然可以走路，不会病怏怏地躺在床上。"这就是威灵顿性格的一个显著特点，他不能让别人把他看成一个病号，哪怕咽下最后一口气，他也是作为一个战士离开这个世界的。

到了1840年，维多利亚女王与萨克森公国的阿尔伯特王子坠入情网，女王为此召开国务会议，宣布即将结婚的消息。威灵顿虽然身体欠佳，还是乘上马车，花了八个小时的时间去伦敦，参加国务会议。对于女王的婚事，只有梅尔本子爵不大赞同，但是女王心意已定。1840年2月10日，维多利亚女王与阿尔伯特王子举行了大婚。

在这一年里，威灵顿病了好几次，他消瘦得很厉害，背也越发的驼了。有时候，他坐在壁炉旁边看报纸，不知不觉间就睡着了。虽然他在散步时还会保持一个军人的步伐，但是骑在马上，威灵顿无法坐正，总是倾斜到一侧。有一家画报评论道："据目击者说，威灵顿公爵在马背上倾斜得厉害，但是还能举起鞭子，并不时地向两旁的人们致意。"

1841年夏天，梅尔本子爵辞去首相一职，维多利亚女王解散了议会，并举行大选。威灵顿的好友皮尔当选为首相，这是皮尔第二次当首相。8月30日，皮尔正式掌权。梅尔本子爵在离开政坛后过起了半隐居的生活，1848年11月5日，梅尔本子爵因中风去世。

皮尔的成功当选让威灵顿感到安慰，他表示自己愿意根据女王的意愿为政府效力。不过，女王认为威灵顿的健康情况很脆弱，皮尔也觉得威灵顿不宜担任职责过重的职务，因为威灵顿经常会不知不觉地睡着。最终，威灵顿以上议院领导人的身份加入内阁，这个职务相对来说没有那么繁重。

早在1828年的时候，威灵顿因为担任首相，辞去了英国陆军总司令的职务。在这之后，总司令一职由罗兰德·希尔担任，希尔是威灵顿的老部下，在半岛战争时期，他就是威灵顿的副手。到了1842年，希尔因病去世，总司令一职出缺。七十三岁的威灵顿再次担任陆军总司令。

除了负责近卫骑兵旅，威灵顿依然在参与国务活动，闲暇的时候，他会去沃默尔城堡居住。威灵顿对自己拥有的这座海滨住所非常自豪，他说："即使是女王，也不曾拥有比这个更好的别墅。"1842年的一天，王室派来了信使，通知威灵顿，皇室准备正式来访，并打算在沃默尔城堡小住一段时日，要威灵顿做好迎接准备。

威灵顿开始忙碌起来，他命令布置女王和阿尔伯特居住的房间，并请木匠在卧床的旁边制作了一个精巧的木架子，这是安放座钟用的，因为阿尔伯特喜欢这样的陈设。在为王室准备的餐厅里，威灵顿命人在墙上贴上彩纸，增加欢快的气氛。洗衣房也被清理出来，改造成供王室卫兵居住的场所。

另外，威灵顿还专门组建了一支仪仗队，用以欢迎王室用。一切准备就绪后，维多利亚女王和阿尔伯特亲王在大群随从卫兵的簇拥下，来到了沃默尔城堡。威灵顿在举行完欢迎仪式后，带着自己的仆人去了多佛港的船舶旅店。为此，有人开玩笑说，公爵将整个城堡拱手交出。

此后，威灵顿每天都骑马从多佛来到城堡，向女王夫妇问安。女王和她的丈夫有时候外出巡游，有时候呆在城堡的房间里阅读书籍。这座位于海滨的城堡虽然景色优美，但是海风吹来，使得房子似乎有些透风，维多利亚女王因而得了感冒。

三个星期后，女王和她的丈夫离开了。威灵顿回到了自己的住所，有人开玩笑说："公爵的房子被改造的面目全非。"威灵顿微笑着说道："是这样，不过也不算很严重，我很快就能让它恢复原样。"

3. 晚年时光

内阁的成员们依然对威灵顿非常敬重，每当威灵顿走近的时候，每一位部长都会站起身来，或者靠近威灵顿的耳朵说话，以便这位白发苍苍的老人能听清楚一切。政府提议颁发半岛战争勋章，威灵顿并不赞同向每一个幸存的参战者发一枚勋章，但是后来女王说服了他。半岛战争过去几十年了，每一个幸存者都得到了一枚勋章，勋章的背面图案是威灵顿公爵跪倒在女王面前。

到了1845年，英国的内政再次遇到了麻烦，麻烦来源于爱尔兰大饥荒。当时的爱尔兰依赖于马铃薯这种农作物，数百万的小耕种者都以种植马铃薯维持生计。每当马铃薯歉收，农民所承担的风险最大。在1845年，一场真菌灾害席卷了整个爱尔兰，马铃薯的收成降到了历史最低点，每家每户在一年里的储备都丧失殆尽。

数百万人缺乏主食，便要依赖于进口粮食。首相皮尔为了解决爱尔兰危机，主张废除粮食进口税，这样可以提高粮食进口量。1846年初，皮尔向议会提交了三个法案，第一个法案是在三年之内彻底废除粮食进口税，第二个法案是所有的关税都进行调低，第三个法案是保护爱尔兰居民的生命与财产。

威灵顿是一个老牌的保守主义者，他对皮尔的自由贸易政策并不赞同，但他关切国家的稳定，权衡之下，皮尔的政策更有利于国家的稳定，因而这时候，威灵顿成为了皮尔的坚定支持者。威灵顿的声音总是能对各种激进意见起到调节作用，在他的帮助下，皮尔提出的前两个法案得到了通过。但是，因为辉格党人和极端主义者的联合反对，第三个法案没有通过。

皮尔竭尽全力使国家度过危机，但是代价很大，保守党已经有半数人不再支持他。这就造成了一种危险的政治局面，任何一个机智而又无情的对手都能够利用这个局面来反对皮尔。

果然，这个对手很快出现了，名字叫本杰明·迪斯雷利，他开始在下议院发表一系列演说抨击皮尔，理由是皮尔以保守党的身份当选，却奉行着自由党的政策。面对如此的恶意攻击，皮尔既感到意外，也感觉心力交瘁，在1846年6月30日，皮尔辞去了首相职务。

同一时间，辉格党政治家约翰·罗素伯爵担任首相，虽然他在下议院的支持者并不算多，但是由于保守党发生了分裂，所以约翰没有遇到太大的阻力。爱尔兰大饥荒带来了财政恐慌，从俄国和美国进口粮食，使得英国的黄金大量外流。在随后的1847年，英国各地出现了民众从银行支取存款的浪潮，约翰对财政问题一窍不通，不得不向皮尔征询对策。

一波未平一波又起，1848年，革命浪潮席卷欧洲大地，封建专制制度遭到了前所未有的冲击，欧洲的政治形势发生了改变。普鲁士王子逃到英国，在威灵顿的赛伊别墅住下了。奥地利首相梅特涅也逃到了英国，先是住在汉诺威广场的布伦瑞克旅馆，后来又搬到伦敦的里士满绿地。

英国在经济危机的困扰下，大批工人失业，生活穷困潦倒。这一年的革命浪潮鼓舞了英国工人的斗志，"宪章运动"出现了高潮。格拉斯哥的失业工人举行游行示威，喊着"不给面包就起义"的口号，军警开枪镇压，造成多人死伤。流血事件激起了英国各地工人的斗争情绪，在声势浩大的民众运动前面，贵族开始搬出伦敦，大资产阶级忙于把财产转移至国外。

4月10日，宪章运动领导阶层开会，准备在伦敦召开群众大会，并组织数十万人的大游行。政府内阁得到这个消息，一时间里人心惶惶。威灵顿公爵依旧冷静沉稳，他劝那些神经质的部长们放心，并说道："到了星期一，我们还是会像此时一样平静，一切都会归于稳定，不论国家还是政府。"

为了阻止宪章运动向英国国会进军，内阁决定调集军警予以拦截，这是一项军事任务，必须由陆军总司令威灵顿负责。威灵顿很快来到了内阁会议厅，在桌子上面展开地图，指出了需要重点布防的地段。作为防御战的高手，威灵顿的当机立断给所有的内阁成员都带来了勇气。

威灵顿调集了十七万人的军警部队，分别派遣至各处地点。不过，在他看来，军事行动是最后的手段，不到万不得已，他不希望看到流血冲突。星期一到来了，参加集会的群众达到五十万人，可谓声势浩大。

在紧要关头，以奥康诺为首的宪章运动领导人发生动摇，劝说群众工人解散回家，而由他们自己去国会递交请愿书，使得计划中的大游行半途而废。请愿书随后被国会否决，到了5月11日，政府下令解散全国宪章组织，并逮捕了数百名领导者和骨干成员，宪章运动自此一蹶不振。

岁月流逝，威灵顿的老朋友一个个地都离开了。1850年6月29日，皮尔在骑马时从马上摔下，受了重伤，被抬进医院治疗。7月2日，皮尔不治身亡，终年六十二岁。没过多久，威灵顿的好友阿巴思诺特也病倒了，住进了威灵顿的阿普斯里宅邸休养。

阿巴思诺特看着情况不大好，医生走出房间时一脸地凝重。威灵顿拉过来一把椅子，靠近医生，尽量听清楚医生说的话。当被告知阿巴思诺特已经余日无多时，威灵顿有些激动，他抓住医生的手，反复说道："不，不，我想他会康复的，他真的很严重吗？没有那么严重吧？"医生只是摇头，没有说话。

威灵顿又满怀希望地说道："他不会死去，我觉得他只是胃部出了一点毛病。"医生望着白发苍苍的威灵顿，最后说了一句："也许上帝可以拯救他。"几天后，阿巴思诺特平静地去世了。威灵顿悲伤之余，觉得自己的生活里充满了死亡的回声，他有时会想自己还可以撑多久，但有一个信念是坚定的，无论死亡何时到来，他都是一个勇敢的军人。

1852年是威灵顿生命里的最后一年。2月份，首相约翰辞职了。没有人愿意站出来组织下一届政府，维多利亚女王召见了威灵顿，征询他的意见。威灵顿建议女王留住约翰，让他再次组阁。约翰没有答应，最后，保守党人德比伯爵担任首相。威灵顿感到很欣慰，他说："辉格党人陷入泥潭，现在，保守党人可以行动了。"

　　在上议院，内阁宣布新的人事安排的时候，威灵顿坐在德比伯爵的旁边，内阁成员名单几乎都是陌生的名字，在宣读这些名字的时候，耳聋的威灵顿不停地问："这个人是谁？"这个很有趣的细节传开后，便有人把新一届政府称为"是谁政府"。

　　接下来的日子，威灵顿依旧按部就班地生活着。9月份的时候，他和克罗克见了一面，克罗克也是幸存在世的为数不多的老朋友了。许多年前，当威灵顿率军征战伊比利亚半岛时，爱尔兰首席部长的工作便是由克罗克接手的。两个老朋友的这次会面，谈的大多是陈年往事，充满了怀旧的情调。

　　分别时，威灵顿和克罗克一起下楼，因为担心克罗克踩空，威灵顿一边走着，一边大声地数着楼梯。随后，威灵顿回到了沃默尔城堡，他最后的时光就在这里度过。他的儿子查尔斯把孩子们都带来了，除了和孩子们在一起，威灵顿还在继续与人通信，这是他日常生活里一成不变的重要内容。

　　9月13日，威灵顿的身体看着还好，他自己在想着哪些人即将来访。9月14日，威灵顿像往常一样起得很早，并命令仆人准备马车，他想去多佛。但是过了一会儿，威灵顿感觉身体不舒服，他对仆人说："情况有点糟糕，去把药剂师找来。"这是威灵顿公爵下的最后一道命令，此后，他再也没有说出一句话。

　　维多利亚女王得知威灵顿的死讯，说道："现在，连公爵也离开了这个世界，留给我们这些人的只是悲惨的孤独。"英国政府为威灵顿举行了盛大的国葬，灵车是一家公司以前所未有的速度赶制出来的，使用了黑色和金色两种颜色，装饰则由狮子头、军刀、花环等构成。

送葬那天，几乎半个英格兰的人们都加入了送葬队列，仅军队方阵就有六个步兵营、八个骑兵营、三个炮兵营。军乐队奏着哀乐，鼓点的声音压抑而有节奏地响着，所有的人都很沉默，不时地传来"脱帽"的喊声。长长的队列继续向前，一直走向圣保罗大教堂，那里是威灵顿公爵的沉睡之地。

附

录

威灵顿公爵生平

　　威灵顿公爵本名亚瑟·韦尔斯利，1769年5月1日，他出生于爱尔兰都柏林的一个贵族家庭，父亲酷爱音乐，这也影响了威灵顿的兴趣爱好。十二岁那年，威灵顿进入伊顿公学。因为在学习上没有什么进展，也为了节省开销，在1784年夏天，威灵顿离开伊顿公学。母亲安娜为这个孩子的前途忧心，带他去布鲁塞尔旅居，让他学习法律。

　　少年时代的威灵顿，性格郁郁寡欢，喜欢一个人孤独地散步。这时候的他除了擅长拉小提琴，此外一无是处。学习法律半途而废了，母亲头疼之余，觉得这个孩子"除了去战场上当炮灰，没有更好的出路了"，便把威灵顿送往法国的一家马术学院，学习军事。

　　军校生活持续了一年，在1786年年底，威灵顿回到英国。兄长理查德在政府任职，在他的疏通之下，威灵顿被任命为第七十三苏格兰高地团的掌旗官，少尉军衔。此后，威灵顿的军衔虽然得到不断晋升，但始终没有大展宏图的机会。同时，他的经济条件也很窘迫，在他向朗福德勋爵的妹妹凯瑟琳·基蒂·帕克南求婚时，遭到了拒绝。

　　威灵顿失意之余，烧掉了自己的小提琴，决心干一番事业，成为一个大人物，再回来迎娶凯瑟琳。1796年夏天，威灵顿指挥第33团，前往印度。1799年5月，威灵顿率军攻入迈索尔王朝的首府塞林伽巴丹，随后被任命为塞林伽巴丹的司令官，这标志着威灵顿正式发迹。

1802年，威灵顿晋升为少将。在1805年初秋回到英国之后，有两件事情特别值得一提，一是威灵顿和凯瑟琳成婚，二是他担任负责爱尔兰事务的首席部长，这也为威灵顿日后的从政经历奠定了基础。1808年4月，威灵顿晋升为中将，同年夏天，威灵顿率领英国远征军在伊比利亚半岛登陆。

此后直到1814年，威灵顿连续击败拿破仑手下的名将，诸如朱诺、克劳德·维克多、安德烈·马塞纳、马尔蒙等等。在1814年，威灵顿率军越过了比利牛斯山，进入法国本土，追击法军元帅苏尔特，并攻占了法国重镇图卢兹。拿破仑宣布退位后，威灵顿作为英国代表，前往维也纳参加和会。

没过多久，拿破仑从流放地逃出，回到法国，开始了"百日王朝"。威灵顿再次骑上战马，担任盟军总司令，与普鲁士元帅布吕歇尔并肩作战。在1815年6月的滑铁卢战役中，威灵顿的盟军顶住了拿破仑不间断的猛攻，使得法军精疲力竭，被迫后撤，在布吕歇尔赶到后，盟军彻底击败了拿破仑。

欧洲大局已定，盟国对法国实行占领，威灵顿任占领军总司令。这期间，威灵顿参加了划分欧洲势力范围的维也纳会议，参与缔结了神圣同盟，并为法国的战争赔款问题积极奔走。占领时期结束后，威灵顿进入内阁，担任军需部长一职，此后一直活跃于政治舞台。

1828年1月，威灵顿成为内阁首相。这一年的8月，威灵顿承担起了一生之中最费力的政治职责，即劝说国王乔治四世以及大多数保皇党人同意解放天主教。到了1829年4月，虽然保皇党已经分裂，但是解放天主教变成了法律，这是威灵顿公爵政治生涯里最大的胜利。

1830年11月，改革派与保皇党极端分子纠合在一起，击败了威灵顿，威灵顿辞去首相职务。1834年，辉格党政府垮台，国王召见威灵顿，要求他组阁。威灵顿推荐罗伯特·皮尔，但由于皮尔在国外未归，所以在近一个月的时间里，威灵顿成为"看守内阁"首相，并兼任大部分部门的临时部长，堪称"英格兰的独裁者"。

岁月流逝，威灵顿在议会的影响渐渐变小，但是他本人的魅力依然如故。1837年，维多利亚女王登上王位，女王喜欢与辉格党人接触，在保皇党人里面，威灵顿是唯一一个能够得到破例接见的元老人物。1841年，保皇党重新执政后，七十二岁的威灵顿进入内阁担任大臣，虽然不负责具体事务，但是对于激烈的意见冲突，威灵顿的声音总能够在其中起到调节作用。

1852年9月14日，威灵顿在自己最喜爱的住所沃默尔城堡去世，英国政府为他举行了盛大的国葬。对于威灵顿的评价，有一种说法是较为中肯的："威灵顿的才智并不是多方面的，但是他在某个方面的才智却清晰实用。从他的那些基本素质可以看出，他不是最具天赋的那一类人，但却闪现着忠诚、公正、真理的优美光芒。"

威灵顿公爵年表

1769年5月1日，威灵顿出生于爱尔兰都柏林，本名亚瑟·韦尔斯利。

1781年初春，父亲加雷特病逝。秋天，威灵顿进入伊顿公学。

1784年夏季，威灵顿离开伊顿公学。

1785年，威灵顿和母亲住在布鲁塞尔，学习法律。

1786年1月，威灵顿进入法国昂热王家马术学院，年底返回英国。

1787年3月7日，威灵顿被任命为第73高地步兵团的掌旗官，授少尉军衔。

1788年2月，威灵顿担任爱尔兰总督白金汉爵士的副官。

1790年4月，威灵顿代表曲姆地区进入爱尔兰下议院，成为议员。

1791年6月，威灵顿晋升为上尉。

1792年9月，威灵顿结识凯瑟琳·基蒂·帕克南。

1793年4月，威灵顿晋升为少校。向凯瑟琳·基蒂·帕克南求婚，遭拒绝。9月，晋升为中校。

1794年，威灵顿率领第三十三团前往荷兰，与法军作战。年末，经历了艰苦的撤退。

1795年春天，威灵顿回到国内。

1796年5月，威灵顿晋升为上校。6月，启程前往印度。

1797年2月，威灵顿抵达印度加尔各答。

1798年，威灵顿的兄长理查德成为印度总督。

1799年5月，威灵顿率军攻入迈索尔的首府塞林伽巴丹。

1800年，威灵顿围剿了杜恩迪亚部众。

1802年，布鲁姆战役中，威灵顿平息了叛乱。

1803年，第二次英马战争爆发。9月，威灵顿赢得阿萨耶之战的胜利。

1804年9月，威灵顿被封为巴斯骑士。

1805年3月，威灵顿启程回国。9月，抵达英国。

1806年4月，威灵顿与凯瑟琳·基蒂·帕克南成婚。

1807年，威灵顿晋升为少将军衔。9月，威灵顿参加对哥本哈根的远征。

1808年4月，威灵顿晋升为中将。7月，负责指挥英国远征军，随即登陆伊比利亚半岛。8月17日，罗里萨战役。8月21日，维米耶罗战役。8月31日，辛特拉协定签署。威灵顿回国接受调查。

1809年4月，威灵顿重回伊比利亚半岛。5月，攻占波尔图。7月，塔拉维拉之战。

1810年9月，卜萨科之战，威灵顿再次获胜。

1811年5月，威灵顿攻下奥尔迈达，打开了通往罗德里格城的道路。

1812年1月19日，威灵顿攻克罗德里格城，英军进行屠城。4月，攻克巴达霍斯。7月，威灵顿击败法军元帅马尔蒙，法军损失一万四千人。8月，英军进入马德里。11月，威灵顿被迫率军后撤。

1813年6月，维多利亚盆地大战，威灵顿大胜。

1814年3月，威灵顿兵临图卢兹城下。拿破仑宣布退位。4月，威灵顿攻克图卢兹。不久后，威灵顿作为英国代表，前往维也纳。

1815年3月，拿破仑回到巴黎，开始百日王朝。4月初，威灵顿抵达布鲁塞尔，整训部队。6月16日，卡特勒布拉之战。6月18日，滑铁卢战役。

1816年春，威灵顿离开巴黎，把占领军司令部迁到康布雷。

1817年，威灵顿主要忙碌于法国的赔偿金问题。

1818年2月，威灵顿遭遇袭击，并未受伤。9月，威灵顿参加亚琛会议。

1821年，威灵顿陪同国王乔治四世出访，重游了滑铁卢。

1822年初，内阁提议让威灵顿担任爱尔兰总督，威灵顿予以回绝。10月，威灵顿代表英国政府参加凡罗纳会议。

1823年，威灵顿去乡下巡游。

1824年，威灵顿反对坎宁的外交政策。

1825年，担任军需部长的威灵顿，忙于处理例行公事，诸如维修岸坡，维修外崖，建设百慕大兵营等等。

1826年2月，威灵顿启程，前往俄国进行外交活动。4月，回到伦敦。

1827年，威灵顿担任英国陆军总司令。

1828年1月22日，威灵顿正式成为英国首相。随后，威灵顿辞去了陆军总司令一职。

1829年初，威灵顿主导了"天主教解放"。

1830年11月16日，威灵顿辞去首相职务。

1831年4月24日，妻子凯瑟琳·基蒂·帕克南病逝。

1832年初，威灵顿反对改革法案的决心不变。5月，辉格党内阁解散。国王要求威灵顿组阁，威灵顿组阁失败。辉格党再次上台，改革法案获得通过。

1833年下半年，威灵顿成为牛津大学校长的候选人。

1834年4月，威灵顿正式成为牛津大学校长。11月，国王解散了内阁，要求威灵顿组阁，威灵顿推荐罗伯特·皮尔为新首相。此后，威灵顿成为临时首相，直到12月9日，皮尔从国外归来。

1835年至1837年，威灵顿处于在野状态，仍旧积极参与公共事务。

1838年，威灵顿参加维多利亚女王的加冕大典。

1839年，维多利亚女王召见威灵顿，希望由他担任外交部长，威灵顿婉言谢绝。

1840年，政府召开国务会议，商谈女王的婚事，威灵顿参加会议。

1841年，威灵顿以上议院领导人的身份进入内阁。

1842年，七十三岁的威灵顿再次担任英国陆军总司令。同年，女王夫妇来到威灵顿的沃默尔城堡小住。

1845年，爱尔兰大饥荒。

1846年，罗伯特·皮尔试图通过法案来拯救爱尔兰，威灵顿是其政策的坚定支持者。6月末，皮尔被迫辞职。

1848年，欧洲掀起革命浪潮，英国的宪章运动声势浩大，威灵顿调集部队，计划镇压。宪章运动领导人向政府妥协，运动随即陷入低谷。

1850年6月，罗伯特·皮尔骑马受伤，不治身亡。

1851年，威灵顿的好友阿巴思诺特病逝。

1852年2月，维多利亚女王召见威灵顿，询问政事。9月初，威灵顿拜访老友克罗克。9月14日，威灵顿病逝，葬于圣保罗大教堂。